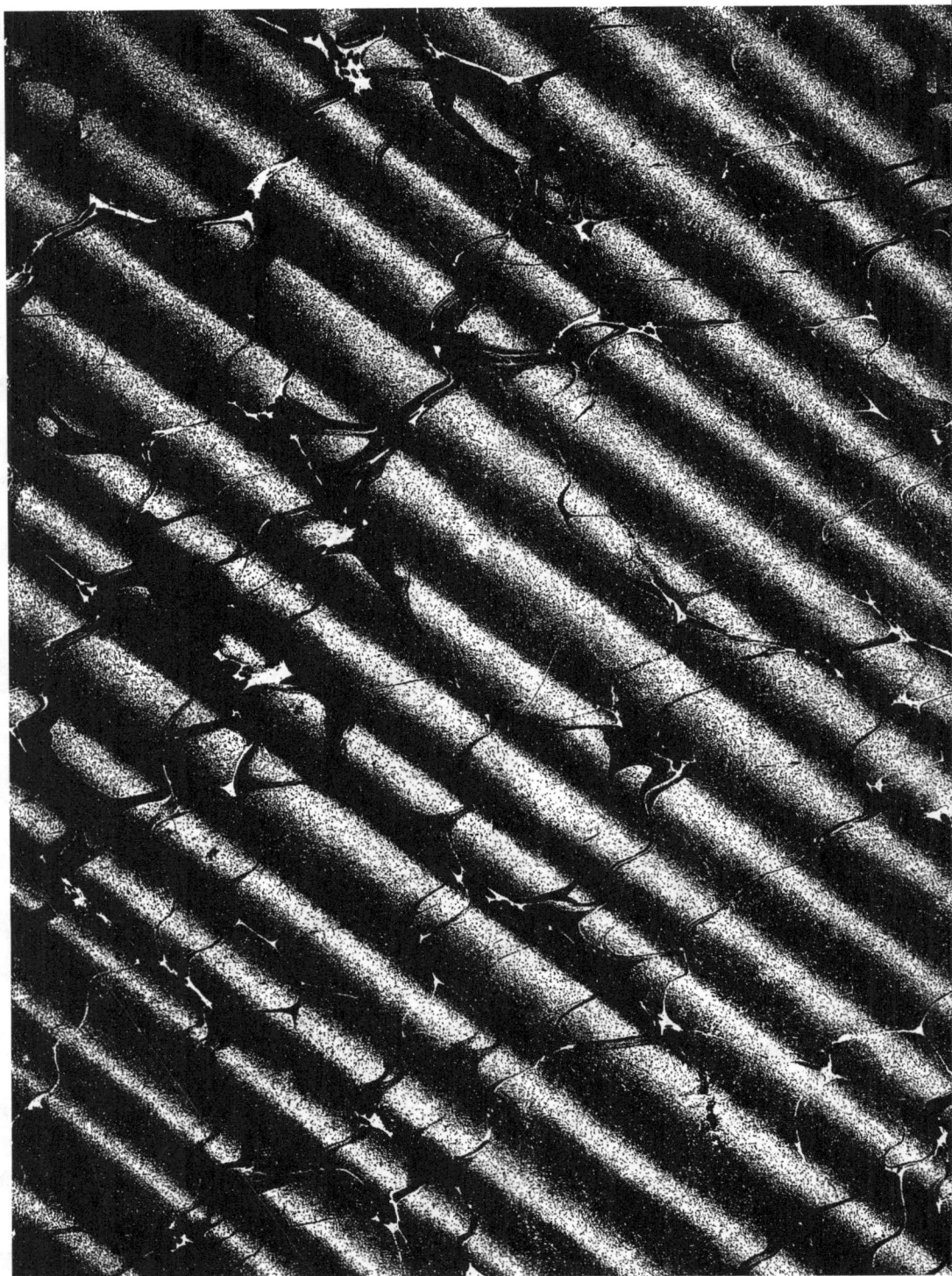

BIBLIOGRAPHIE HISTORIQUE

DE LA

VILLE DE SAINT-OMER

ARRAS

SUEUR-CHARRUEY, EDITEUR

31, Petite-Place.

1880

BIBLIOGRAPHIE HISTORIQUE

DE LA

VILLE DE SAINT-OMER

Tiré à cinquante exemplaires.

N°

BIBLIOGRAPHIE HISTORIQUE

DE LA

VILLE DE SAINT-OMER

ARRAS

Sueur-Charruey, Editeur

31, *Petite-Place.*

—

1880

Cette bibliographie a été composée pour être jointe à *l'histoire de Saint Omer* récemment publiée par mon ami, M. Deschamps de Pas et elle est insérée dans ce volume.

Je la fais tirer à part au nombre de cinquante exemplaires pour la mettre à la disposition des hommes d'étude qui apprécient ces modestes et utiles recherches.

La bibliographie de Saint-Omer comprend plus de cinq cents numéros : Quoique ce résultat puisse paraître satisfaisant, il n'est pas douteux qu'un certain nombre de documents ont échappé à mes recherches. Mais j'espère, en publiant ce petit travail, provoquer des rectifications et des indications supplémentaires qui me permettront d'en donner plus tard une édition moins imparfaite.

Bon DARD.

Aire, le 1er Juillet 1880.

BIBLIOGRAPHIE HISTORIQUE

DE LA

VILLE DE SAINT-OMER

———————

§ 1. — HISTOIRE CIVILE

1 BALIN. (D. Jean.) Promptuaire de tout ce qui est advenu plus digne de mémoire depuis l'an 1500. Ms n° 799. Bibliothèque de St-Omer. Ce promptuaire s'arrête à l'an 1584. D. Balin était religieux de l'abbaye de Clairmarais. (Voir dans les bulletins de la société de l'histoire de France, année 1836, une notice de M. Piers sur cet écrivain.)

2 HENDRICQ. (Jean.) Recueil historique de 1594 à 1623. Ms n° 808. Bibliothèque de St-Omer.

3 NEUFVILLE. (L. F. de.) Annales de la ville de St-Omer. Ms. du 18e siècle, n° 809. Bibliothèque de St-Omer. La bibliothèque de St-Omer ne posséde que le 1er volume de ces annales. L'ouvrage complet qui forme trois volumes, se trouvait dans la bibliothèque de M. Taffin de Givenchy ; il a été acheté 2.505 francs à l'époque où cette bibliothèque a été dispersée (N° 913 du catalogue.)

4 VALLONGUE. (Général.) Notice historique,statistique sur la ville de Saint-Omer Ms N° 834 bibliothèque de Saint-Omer. Cette notice a été composée pendant la durée du camp de Boulogne : elle a été imprimée dans le *Puits Artésien*, année 1842.

5 DERHEIMS. (Jean.) Histoire civile, politique, militaire, religieuse, morale et physique de la ville de Saint-Omer chef-lieu judiciaire du département du Pas-de-Calais, ou annales historiques statistiques et bibliographiques de cette ville, depuis son origine jusqu'à nos jours. Vol. in-8°, Saint-Omer, Lemaire, 1843.

6 COLLET. (P.) Notice historique de Saint-Omer, suivie de celles de Thérouanne et de Tournehem. Vol. in-12 de 239 pages. Saint-Omer, Lemaire, 1830. Cet ouvrage a été aussi imprimé dans le format in-8°.

7 PIERS. (H.) Calais et Saint-Omer. Pièce in-8° de 16 pages. Aire. Poulain. (Notice sur les rapports de ces deux villes.)

8 PIERS. (H.) Biographie de la ville de Saint-Omer. Vol. in-8 de 283 pages avec portraits. Saint-Omer. Lemaire. 1835.

9 Extrait du *Journal des Artistes et des Amateurs*. Saint-Omer, ses Monuments publics et son Musée. Pièce in-8° de 6 pages. Saint-Omer. Chauvin. (Cette notice est comprise dans le 2° vol. de l'année 1833. On l'attribue à M. de Saint-Amour).

10 LENORT. (G.) Poligraphie Audomaroise ou génie zétésien. Discours de l'origine de la ville de Saint-Aumer et du Port iccius. Pièce in-4° de 17 pages. Saint-Aumer. G. Scutin. 1633. Cette poligraphie comprend 112 strophes numérotées, de six vers alexandrins chaque, de la plus détestable exécution. Ce livre, curieux par sa rareté, a été réimprimé par les soins de la société des antiquaires de la Morinie et enrichi de notes par M. Courtois.

11 EUDES. Revue de diverses coutumes et anciens usages de l'arrondissement de Saint-Omer. Recherches sur leur origine. Volume in-8°. (Extrait des Mém. des ant. de la Morinie P. 299. Tome V.)

12 EUDES. Recherches étymologiques éthnographiques et historiques sur la ville de Saint-Omer. Vol. in-8° (Extrait des Mém. antiq. de la Morinie tome 2, 2° partie. p. 1). En 1865, le travail publié par M. Eudes, a été revu et augmenté par le bibliophile artésien.

13 COURTOIS. (A.) Usages locaux de l'arrondissement de Saint Omer que le code Napoléon et les lois spéciales ont laissés en vigueur, suivis d'une introduction, Pièce in-12 de 50 pages. Saint-Omer, F. Lemaire. 1861.

14 Coutumes locales tant anciennes que nouvelles du bailliage et Echevi-uage de Saint-Omer, d'Audruic et pays de Bridenarde, de la Châtellenie de Tournehem et du bailliage, ville et Echevinage d'Aire ; ensemble les procés-verbaux de vérification et rédaction de ces mêmes coutumes et les lettres patentes portant decret d'icelles ; Vol. in-4° de 460-31 pages. Paris. Simon. 1744. Les mêmes coutumes ont été imprimées dans le format in-12.

15 Courtois. (A.) Dictionnaire géographique de l'arrondissement de Saint-Omer avant 1789. Vol. in-8°. Saint-Omer, F. Lemaire. 1869.

16 Allent. Lettre, article et fragment de carte sur la topographie appli-quée à l'agriculture, insérée dans les numéros de décembre 1808 et janvier 1809 de la bibliothèque des propriétaires ruraux. Cet opuscule qui est resté sans développement, propose la division naturelle des bassins, comme base des observations agricoles. et l'applique au bassin de l'Aa.

17 De la Plane. Les mayeurs de Saint-Omer d'après les archives et divers manuscrits inédits (1144-1860) Pièce in-8° de 33 pages. Saint-Omer, Fleury-Lemaire. 1860. On ajoute à ce document : les Baillis ou capitaines de Saint-Omer, tableau supplémentaire complété à l'aide des manuscrits récemment découverts (1193-1702.) Pièce in-8° de 8 pages, Saint-Omer. Fleury-Lemaire 1860.

18 Lauwereyns. (Louis de) Les baillis et les échevins à Saint-Omer (1193-1500.) Pièce in-8° de 20 pages. Saint-Omer, Guermomprez. 1868.

19 Le gros régistre du Greffe. Ms, in-folio, reposant aux archives de la ville et contenant de nombreux documents sur l'histoire de Saint-Omer.

20 Gaillon. Table alphabétique et chronologique des ordonnances et réglements politiques de la ville et cité de Saint-Omer. Ms. 2 vol. in-folio (1757.) Ce recueil est dédié au magistrat de Saint-Omer ; il est inutile de signaler son importance pour l'histoire locale. Gaillon a réuni, dans un autre registre, les *délibérations* du Magistrat de Saint-Omer et dressé un *inventaire* des Archives municipales.

21 Recueil des ordonnances royaux, sentences, arrêts, réglements, com-missions et provisions, touchant l'administration de la justice au bailliage royal de Saint-Omer. Vol. in-8° de 236 pages, Saint-Omer, au nom de Jésus. 1739.

22 Recueil de chartres qui se trouvent dans les archives des Mayeurs et Echevins de la ville de Saint-Omer, en la province d'Artois. Vol. in-4° de 120 pages. Saint-Omer. Fertel. 1739.

23 DESCHAMPS DE PAS. Recueil des principales pièces des procès entre les officiers du bailliage et le Mayeur et Echevins de Saint-Omer sur leurs prétentions à la haute, moyenne et basse justice. MS. N° 873 de la bibliothèque de Saint-Omer. xviii° siècle.

24 DESCHAMPS. Sac de Saint-Omer en 1071. Episode de l'histoire de cette ville. Pièce in-8°. (Extraits des mémoires des antiquaires de la Morinie, t. II, p. 333.)

25 GIVENCHY (L. de). Essai sur les chartes confirmatives des institutions communales de la ville de Saint-Omer, accordées à cette cité par les comtes de Flandre, successeurs de l'Usurpateur Robert le Frison (1127-1198.) Vol. in-8°, de 50 p. et CXII p. de pièces justificatives. Ce travail est aussi inséré dans les Mémoires des Antiquaires de la Morinie. T. IV,

26 GIVENCHY (L. de). Notice historique sur Guillaume de Normandie, surnommé Cliton, 14° comte de Flandre. Pièce in-8° de 33 p. St-Omer. Chauvin (s. d.). Charte de Guillaume Cliton, donnée aux habitants de la ville de St-Omer en 1127. Pièce in-8° de 8 p. Saint-Omer, Lemaire (s. d.). Ce document a été publié et traduit par M. Legrand.

27 PIERS (H.). Guillaume Cliton à Saint-Omer. Pièce in-8° de 8 p., s. l. n. d.

28 MOLAND (Louis), Saint-Omer dans la Morée. Esquisse de la domination française dans la Grèce au moyen-âge. Vol. in-18 de 216 p. Paris, Dentu 1852.

29 Charte de Robert II, comte d'Artois, de l'an 1259, portant permission aux bourgeois de la ville de Saint-Omer d'établir deux franches foires, tous les ans, dans la dite ville, suivant les ordonnances et statuts qui seront faits par les officiers du baillage et échevins du dit Saint-Omer. placard in-folio, s. l. n. d.

30 WARNKOENIG (L.-A.). Documents inédits relatifs à l'Histoire des Trente-Neuf de Gand, suivis d'éclaircissements historiques, sur l'origine et le caractère politique des communes flamandes. Pièce in-8° de 57 p. Gand, Vander-

haeghem (1832). Il s'agit dans ce travail d'une sentence arbitrale rendue par les échevins de Saint-Omer entre le comte Guy de Flandre et les Trente-Neuf de Gand. (1290).

31 Deux lettres du Roy Louis Hutin, plus un procès-verbal touchant quelques violences faites à ceux de Saint-Omer par le sieur de Fiantes, dont iceux de Saint-Omer demandoient raison au Roy et est l'assignation au dit sieur de Fiantes de comparoir devant le Roy pour ce fait (1315) Ms. Trésor des chartes. S. 521.

32 Deux lettres de Jean de Beaumont, maréchal de France et gouverneur d'Artois, déclarant que ceux de Saint-Omer luy avoient fourny un nombre de gens de guerre pour le service du Roy, sauf leurs priviléges (1316). Ms. Trésor des Chartes. S. 521.

33 Lettres patentes de Philippe le Bon, duc de Bourgogne, comte d'Artois, etc., portant règlement pour la création et renouvellement des mayeur et échevins de la ville de Saint-Omer (9 décembre 1447). Pièce in-4° de 32 p., s. l. n. d. Ces lettres ont été imprimées vers 1730, à la requête du comte de Croix, Grand bailli de la ville de Saint-Omer : elles contiennent 37 articles.

34 DIÉGÉRICK (Jean). Saint-Omer après le traité de paix de 1482. Pièce in-8° de 11 p. Saint-Omer, Fleury-Lemaire (S. d.)

35 Engagement des trois Etats de la ville de Saint-Omer, d'observer les stipulations du traité de paix d'Arras, en 1482. Pièce in-8 de 13 p. Saint-Omer, Fleury-Lemaire, 1865. Ce document a été publié par M. Deschamps de Pas.

36 LAUWEREYNS DE ROOSENDAELE (de). Histoire d'une Guerre Echevinale de 177 ans, ou les Baillis et les échevins à Saint-Omer de 1500 à 1677, d'après les documents tirés des archives du bailliage. Vol. in-12 de 129 p. Saint-Omer, Ch. Guermonprez, 1867.

37 COURTOIS. Lecture et Publication d'un Placard de Charles-Quint, à la bretecque de la maison royale de Saint-Omer, en l'an de grâce 1531. Pièce in-8° de 36 p. Saint-Omer.

38 Arrêt du grand Conseil de Malines du 22 Juin 1532, qui ordonne que les appellations des sentences et jugements rendus par les bailly, lieutenant

et hommes de fief de la terre et seigneurie de Tournehem se porteront au bailliage de Saint-Omer. Pièce in-4° de 7 p.

39 HERMAND (Alex.). Joheuse Entrée de Philippe d'Espagne dans la Ville de Saint-Omer (1549). Puits Artésien. Année 1839, p. 565.

40 Correspondance des Généraux de Charles-Quint avec les Mayeur et Echevins de Saint-Omer, 1553. (Voir : Thérouanne, Bibliographie).

41 Sentence rendue au Conseil d'Artois, le 10 janvier 1578, par laquelle, sans avoir égard à l'adjonction des Mayeur et Echevins de Tournehem, la procédure criminelle faite par les Officiers du Bailliage de Saint-Omer, contre la demoiselle de Brunobois, demeurante audit Tournehem, pour rébellion à la justice, a été confirmée, avec amende et dépens. Pièce in-4° de 6 p.

42 DESCHAMPS DE PAS (L.). Attaque de la Ville de Saint-Omer par la porte Sainte-Croix en 1594. Pièce in-8° de 17 p. Saint-Omer, Chauvin, 1854.

43 Lettres Patentes du 4 oct. 1608, pour le droict de Guet, à Saint-Omer. Pièce in-4° de 3 p. (s. l. n. d.)

44 Advis salutaire pour ces temps d'afiliction, etc., par le P. Martin Couvreur. — Régime de santé, Préservatif contre les Maladies contagieuses. — Singulier remède contre la maladie contagieuse, c'est d'invoquer le B. Saint-Ignace. — Ces trois opuscules qui ont été imprimés et distribués, ne nous sont connus que par les mémoires du temps.

45 BOLARD. Une Election du Magistrat à Saint-Omer en 1638. Vol. in-8, (extr. des Mémoires des Antiquaires de la Morinie, t. V, p. 45)

46 CHIFFLETIUS (Julius). Avdomarvm obsessvm et liberatvm. Anno MDCXXXVIII, vol. in-12 de 181 p. Antuerpiœ. Officinâ Plantinianâ. 1640. Cette édition comprend, en outre, un plan de siège et plusieurs index. — Ce livre, important pour l'histoire locale, a été traduit par M. Louis Moland, sous le titre suivant : J. Chifflet. Saint-Omer, assiégé et délivré en 1638. Vol. in-8°, Saint-Omer, F. Lemaire, 1875. A cette traduction, on a joint le Registre du Siége de 1638, document inédit qui repose aux archives de la ville et comprend les délibérations et résolutions prises, en vue de la défense de la ville, par le Magistrat.

47 Narré du Siége de la Ville de Saint-Omer, mis le 25 may par Gaspard

de Colligny, sieur de Chastillon, mareschal de France et levé par deux maré-chaux de France, le 16 juillet 1638. Pièce in-4° de 28 p. Saint-Omer. C. Boscart, 1638.

48 Sant-Omero assodiato Da Francesi et liberato dal principe Francisco Tomaso di Savoia, Nell'anno 1638. Volumen quarto de Campeggiamenti di Fiandra D. D. Emmanuele Tesanro, Conte di Salmor. Vol. in-folio de 103 p. Torino. Cavalleris, 1640. L'ouvrage est enrichi d'une grande carte : *Pianta du Sant-Omero assidiato da Francesi l'anno 1638, difeso dal senerissimo principe Francisco Tomaso di Savoia* dessiné par de Van Werden.

49 Relatione del sociorso dato alla villa di Saint-Omer, nell'anno 1638. Pièce in-4° (indication du P. Lelong, n° 21,934).

50 Relation des Avantages emportez par l'armée Espagnole sur la Françoise près de Saint-Omer, le 7 et 8 juin 1638, sous la conduite du Prince Thomas de Savoie. Pièce in-4° de 15 p. Bruxelles, Vilpius, 1638.

51 La Prise du Fort de Nivelet, appelé du Nouveau Moulin, et, à présent, de Saint-Jean près de Saint-Omer, avec la déffaite d'une partie de l'armée du Mareschal de la Force, par S. A. le Prince Thomas de Savoie, le 24 et 25 juin MDCXXXVIII. Pièce in-4° de 8 p. Bruxelles, Vilpius, 1638.

52 L'Etat des Affaires présentes, ou les Artifices des Français descouverts, avec le récit véritable de ce qui s'est passé au fort de Calo, au siége de St-Omer. Pièce in-4°, 1638. (Catal. Lammens : 2° partie n° 5216),

53 DESCHAMPS DE PAS (L.). Siége de Saint-Omer, en 1638. Pièce in-8 de 71 p. et un plan. Saint-Omer, Chauvin, 1858.

54 CAMP (Ambroise). Expeditio Gallorum in Artesiam, Audomarum obsessuri (23 mai 1638). Poëme latin, Ms de la Bibliothèque de Lille.

55 MONTMORENCIUS (Franciscus). Prata de Batavis ad Antuerpiam et corum fœderatis ad Audomarifanum Duplici Victoria épinicium. Pièce in-4° de 11 p. Antverpiœ, off. Plantiniana, 1638. La même pièce a été imprimée, à Douai, chez la Vve M. Wyon.

56 La Prise du Fort d'If, près Saint-Omer, par le comte de Charost, gouverneur de Calais et le sieur de Lermont, lequel fort a été ruiné et brûlé (16 septembre). Pièce in-8°. Paris, 1640.

57 Raggnaglio della liberazione di Saint-Omer. (Biblioth. Nationale n° 3155, L. b³⁶),

58 La Prise du Gouverneur de Saint-Omer et autres de remarque, avec la défaite de plusieurs des ennemis morts et prisonniers par le sieur de Lermont, gouverneur d'Ardres. Pièce in-8°. Paris, 1640.

59 Réglement et Ordonnance pour la Garde. Pièce in-4° de 7 p. Saint-Omer, Joachim Carlier, 1646. Ce Règlement, daté du 2 février 1646, comprend 31 articles : il reproduit les ordonnances des 14 janvier 1641, 4 janvier 1642 et 14 juillet 1643. Document rare, reposant aux archives de Saint-Omer.

60 PIERS. Trahison de Martin Calmon (1647). Extrait des archives du Nord de la France. (T. 3. 2ᵉ série. P. 542.)

61 Lettres patentes ou d'octroi, portant permission aux Mayeur et Echevins de la ville de Saint-Omer, d'aliéner cinq cents arpens de pâture communs, pour l'acquit des dettes de la ville, sous l'avis, consentement et autorité du Bailli et Officiers du bailliage de la dite ville (9 août 1661). Pièce in 4° de 4 p.

62 Sentences rendues au Conseil Provincial d'Artois le 31 juillet 1691 et 21 mai 1692 entre les Mayeur et Echevins de la ville de Saint-Omer, les Officiers du Bailliage de la même ville, défendeurs, d'autre part qui ordonne aux demandeurs de se pourvoir en cour du Parlement; cependant par provision, ordonne que les Officiers du Bailliage continueront d'exercer juridiction dans la ville et banlieue de Saint-Omer, ainsi qu'ils ont fait par le passé, avant la sentence du 10 septembre 1680. Pièce in-4°, s. l. n. d. (1692).

63 Sentence rendue au Conseil Provincial d'Artois le 19 juillet 1700 entre les Mayeur et Echevins de Saint-Omer, demandeurs d'une part ; les Officiers du Baillage de la même ville deffendeurs d'autre part qui ordonne, par provision, que les Officiers du Baillage exerceront juridiction sur les héritages et immeubles situés en la ville et banlieue de Saint-Omer, en fief ou autrement, et notamment sur la maison du sieur, comte de Rœux. Pièce in-4° s. l. n. d. (1700).

64 Extrait des Registres du Conseil d'Etat. Pièce in-4° de 8 p., s. l. n. d. (1712). — Document intéressant qui repose aux archives de Saint-Omer.

Cette ville avait avancé au Roi, pendant les années 1708-1709, 38.727 livres pour subvenir aux frais de la guerre; S. M. ne pouvant rendre cette somme, il est décidé qu'elle s'acquittera par le paiement d'une rente.

65 Statuts et Règlements de Messieurs du magistrat de la ville et cité de Saint-Omer pour la décharge des marchandises, pour les messieurs, les brouteurs, les chartiers, les porteurs au sac, les avaleurs et clobers, avec les droits de courtier, nouvellement établis dans la dite ville. Pièce in-16 de 59 p. Saint-Omer, Fertel, 1719.

66 Mayeurs et Echevins de la ville et cité de Saint-Omer, ont par l'avis de ceux de l'an passé et dix jurés pour la communauté, statué et décrété les points et articles suivants. (2 août 1722) Pièce in-4° de 14 p. Saint-Omer. F.-L. Carlier (1722). — Ordonnance de police pour prévenir le feu de Meschef et organiser les secours. Une nouvelle édition de cet arrêté parut en 1726 sous ce titre : Règlement de Messieurs du Magistrat de la ville et cité de Saint-Omer pour remédier au feu de malheur. Vol. in-16 de 40 p. Saint-Omer. F.-L. Carlier. 1726. — En 1754 parut chez Boubers, une troisième édition qui est du format in-12 et de 43 p.

67 LACHÈVRE-CHAUVIN. Histoire de Saint-Omer. Anciennes coutumes. Le feu de malheur. Pièce in-8° de 15 p. Saint-Omer. Chauvin 1854 (Extrait de l'*Indépendant*, journal de Saint-Omer).

68 Mémoire signifié pour Messire Dominique-Joseph Liot d'Eglegatte, chanoine noble de l'église cathédrale de Saint-Omer, intimé : contre M. Joseph Enlart, syndic de la ville de Saint-Omer, appelant. Pièce in-folio de 12 p. (s. l. n. d.) Réclamation contre une ordonnance du Magistrat, du 23 mars 1734, relative aux granges existant dans la ville de Saint-Omer.

69 Ordonnance de Messieurs du Magistrat de la ville et cité de Saint-Omer, portant règlement pour la composition, vente et distribution des bières. Pièce in-16 de 24 p. Saint-Omer. F.-L. Carlier, 1736.

70 Arrêt rendu au Parlement au profit de François Anchin, portant confirmation du jugement rendu au bailliage de Saint-Omer, contre le greffier de Tournehem. Pièce in-4° de 7 p. (25 avril 1738).

71 Mémoire pour les Mayeur et Echevins de la ville et banlieue de Saint-Omer. Contre le Substitut du Procureur général au bailliage de la même ville. Pièce in-folio. Paris. Thiboust, 1738. Question de juridiction.

72 A Nosseigneurs du Parlement, en la Grand'Chambre supplique d'Antoine Crespin. procureur, syndic de la ville de Saint-Omer. Pièce in-4° de 11 p. Paris. Ch. Osmont (1739). Question de compétence : Les Officiers de l'Election doivent-ils connaître des causes concernant la perception de tous les impôts ou seulement de la *composition* de 14,000 livres, payée par la Province? En jugeant une contravention commise à Saint-Omer sur les droits payés par l'eau-de-vie, n'ont-ils pas empiété sur les attributions des Echevins de la ville?

73 Requête au Roy des Mayeur et Echevins de Saint-Omer. Pièce in-folio de 21 p., s. l. n. d. (1739). Contestation entre les Mayeur et échevins en exercice au sujet d'un établissement, dit la *Maison Forte*, destiné à punir et à réprimer la débauche.

74 Arrets des 25 avril 1738 et 21 janvier 1739 qui déclarent nuls et incompétents des saisies et exécutions de meubles et effets faites, ensuite des commissions non libellées de la chancellerie d'Artois, à la faveur des clauses apposées aux contrats passés devant notaires d'Artois, à Saint-Omer, conçus en ces termes ; « Domicile élu à la maison du roi à Saint-Omer (c'est l'auditoire du bailliage), acceptant à juges Messieurs du Conseil d'Artois et subalternes, sans les pouvoir décliner, » il faut se pourvoir devant les juges subalternes dudit Conseil d'Artois, conformément à l'article XVI des lettres patentes du 13 décembre 1728, registrées au Parlement avec des modifications, le 5 septembre 1730, s. l. n. d.

75 Jugement du Siège général de la connétablie et maréchaussée de France, à la table de marbre de Paris, qui interdit de leurs fonctions des cavaliers de la maréchaussée, pour être contrevenus aux édits, déclarations, ordonnances du Roi et autres règlements, concernant le port d'armes et le désarmement des gens de la campagne et qui, en outre, ordonne l'exécution des dits réglements (21 juillet 1740). Pièce in-4° de 7 p., s. l. n. d. Punit des exactions, exercées par deux cavaliers de la maréchaussée de Saint-Omer, contre un habitant de la campagne.

76 Arrest du Conseil d'Estat du Roy qui confirme le magistrat de la ville de Saint-Omer dans ses droits et priviléges de faire des statuts et règlements de police pour la direction des corps et métiers de la dite ville. Pièce in-4° de 8 p. Saint-Omer. Fertel, 1746.

77 Arrests du Parlement des 21 mars et 16 juin 1747 qui accordent, par provision, l'exercice de la justice royale au bailliage, dans l'enclos du chapitre de Saint-Omer, et le droit d'apposer le scellé dans les maisons mortuaires des chanoines et de faire procéder à la vente des meubles et effets des défunts. Pièce in-4° de 8 p. s. l. n. d.

78 Arrêt du Parlement, rendu contre Jacques Burhe, laboureur, demeurant au village de Tatinghem, appelant comme de deny de renvoi et de juge incompétent, d'une sentence rendue au bailliage de Saint-Omer le 1er août 1747, d'une part; Jean-Joseph Bosquet et consors, demeurant audit Tatinghem intimés ; les Mayeur et Echevins de Saint-Omer intervenant de troisième part et le substitut du Procureur audit bailliage, aussi intervenant. Pièce in-4° de 4 p.

79 Mémoire pour M. Jean-Baptiste de Laulne d'Acre, du diocèse de Coutances, bénéficier semy-prébendé en l'église cathédrale de Saint-Omer, intimé, plaignant et demandeur ; — joint le substitut de M. le Procureur général au bailliage de Saint-Omer intervenant et demandeur. — En présence du sieur Levasseur de la Thieuloy, lieutenant général audit bailliage, aussi intervenant et demandeur ; — contre les Mayeur et Echevins de la même ville, appelant, comme de juges incompétents, de la permission d'informer, accordée sur la plainte du sieur de Laulne et de l'information faite en conséquence, deffendeurs et demandeurs : — à eux joints les sieurs Sens et Becquet, accusés. Pièce in-folio de 18 p., s. l., 1750. — Ce mémoire qui repose aux archives de St-Omer, fut imprimé à l'occasion d'un rixe survenue entre deux Echevins et l'abbé de Laulne. Outre les détails de fait qu'il contient, il discute plusieurs propositions importantes : La qualité d'échevins des sieurs Sens et Becquet ne leur donnait pas pouvoir de faire des visites de police et dresser des procès-verbaux dans l'hôtellerie où demeurait l'abbé de Laulne. La plainte ne pouvait être portée qu'au bailliage de Saint-Omer, seul compétent pour en connaître.

80 Arrêt de la Cour de Parlement du 16 janvier 1753, qui confirme les ordonnances du bailliage de 1751 sur l'appel interjeté par les officiers de Tournehem. Pièce in-4° de 4 p.

81 Règlement de Messieurs du Magistrat de la ville et cité de Saint-Omer pour remédier au feu de malheur. Pièce in-8° de 43 p. Saint-Omer. Boubers, 1754.

82 Arrêt de la Cour de Parlement, en forme de règlement, du 3 avril 1756

qui ordonne que les appels qui seront interjetés des ordonnances et sentences du bailliage de Saint-Omer et des autres bailliages et jurisdictions de la province d'Artois, en matière civile, continueront d'être portés au Conseil provincial d'Artois sauf l'appel du dit Conseil en la Cour ; fait défenses aux parties de la porter ailleurs... Pièce in-4° de 4 p. Paris. Gissey, (1756),

83 Mémoire pour M. Masse de Bouretz, procureur du Roi des bailliage et ville de Saint-Omer. Pièce in-4°, s. l. n. d. Les Mayeur et Echevins de la ville s'étant opposés à l'installation de M. Masse, comme procureur de la ville, ce dernier publie le mémoire très-intéressant que nous indiquons et dans lequel il discute la nature des fonctions de Procureur du Roi de la ville depuis son origine et démontre que ces fonctions sont différentes de celle de Procureur de ville ou syndic. Ce factum est de 26 p., il est suivi d'un supplément de 4-42 p. de pièces justificatives.

84 GAILLON. Vers sur la naissance du comte d'Artois. Paroles du concert exécuté à Saint-Omer, à l'occasion de cette naissance. Pièce in-4°. Saint-Omer, 1757. Ces poésies nous sont indiquées par l'almanach d'Artois de 1763.

85 Observations sur la commission aux pâtures de cette ville de Saint-Omer, Pièce in-8° de 24 p. Saint-Omer. H.-F. Boubers, 1763.

86 Mémoire et consultation pour les sieurs Henri-François Boubers de Corbeville, bourgeois, imprimeur-libraire, notable de la ville de Saint-Omer et Charles Boubers, son fils majeur, bourgeois de la dite ville. Pièce in-4° de 32 p. Paris. Ch.-Est. Chenault, 1767. — Boubers de Corbeville, issu d'une famille honorable (son père était capitaine de cavalerie et son grand père avocat au Conseil d'Artois) s'adonna à l'art de l'imprimerie : il exerçait sa profession à Arras, lorsque l'arrêt du Consul d'Etat, du 31 mars 1739, qui fixait le nombre des imprimeurs pour chaque ville du royaume, l'obligea à se retirer à Saint-Omer où bientôt il fut élu notable. Mais des différens ayant éclaté dans la ville, au sujet des élections des officiers municipaux, Boubers paraît avoir pris une part active à ces démêlés et s'être ainsi créé de nombreux ennemis. A quelque temps de là, l'occasion de se venger de Boubers se présenta : une femme ayant dérobé un sac de blé sur une bélandre, une espèce d'émeute éclata dans Saint-Omer et on résolut de faire envisager les Boubers comme les promoteurs de cette révolte, en les accusant d'avoir tenu des propos et distribué des écrits séditieux dans la ville. Les Boubers furent

arrêtés. M. Muschembled est l'auteur de ce mémoire et, réuni à six avocats de Paris, il conclut dans sa consultation à la mise en liberté, ce qui fut effectiuement accordé.

87 Second mémoire pour les sieurs Henri-François Boubers de Corbeville, imprimeur-libraire, notable de la ville de Saint-Omer et Charles-Louis Boubers, son fils majeur, bourgeois de la dite ville. Pièce in-4° de 32 p. Paris, Chenault, 1768. Ce second mémoire fut aussi rédigé par Mᵉ Muschembled.

88 Strophes au Roi de Danemarck à son passage à Saint-Omer, le 15 octobre 1768. Pièce in-4° de 2 p. Saint-Omer. Boubers, 1768.

89 LEGRAND DE CASTELLE. Comptes et éclaircissements touchant l'exemption et priviléges des citoyens de Saint-Omer et de sa banlieue, de l'entretien des chemins situés dans sa dépendance et pariiculièrement de celui de Wizernes, conformément à la jurisprudence et à l'usage de la province d'Artois, à l'occasion de la demande intentée de la part des gens de loi et habitants de Wizernes, présentés à l'assemblée des notables de Saint-Omer, le 23 mars 1768. Pièce in-4° de 24 p. Saint-Omer. Boubers, 1768.

90 Règlement de Messieurs du Magistrat de la ville et cité de Saint-Omer, pour la vente du pain à la livre (18 mai 1770). Pièce in-8° de 16 p. Saint-Omer. Fertel, 1770.

91 Relation véritable et extraordinaire du nommé François Monbailly, marchand de tabac à Saint-Omer, en Artois et sa femme; tous les deux accusés d'avoir assassiné sa propre mère, à coups de couteaux dans son lit, la nuit du 16 au 17 juillet dernier pour réparation de quoi le grand Conseil provincial et supérieur d'Artois l'a condamné à faire amende honorable devant l'église cathédrale de Saint-Omer, ensuite le poing droit coupé, être rompu vif et expirer deux heures sur la roue, puis son corps jeté dans un feu ardent et réduit en cendres et ses cendres jetées au vent. La femme avoir le poing droit coupé, être étranglée, tant que la mort s'ensuive, son corps jeté au feu et réduit en cendres et les cendres jetées au vent. Cette justice a été exécutée dans la dite ville de Saint-Omer, le 19 novembre 1770. Pièce in-4° de 4 pages à deux colonnes. Cette complainte est d'une extrême rareté.

92 Mémoire et consultation tendant à faire ordonner la révision d'un

procès jugé au Conseil provincial d'Artois, qui, le 9 novembre 1770, a condamné à mort un homme et sa femme, quoique innocents tous deux, l'un comme assassin de sa mère, l'autre comme complice du même parricide. Pièce in-4° de 77 p. Paris. Boudet, 1771. C'est le premier mémoire judiciaire publié sur cette affaire.

93 Mémoire sur révision pour Jean-Baptiste Danel, bourgeois de Saint-Omer et Marie-Aldegonde, sa femme, agissant pour Anne-Thérèse Danel, leur fille, prisonnière ès-prisons d'Arras et poursuivant la réhabilitation de la mémoire de François-Joseph Monbailly, leur gendre. Pièce in-4° de 52 p. Saint-Omer. Boubers, 1772. M° Muchembled a composé ce curieux document. Il a été réimprimé, après l'arrêt de réhabilitation avec le texte de la sentence. Vol. in-12 de 91 p. Saint-Omer. Boubers, 1772.

94 Dialogue entre Calas de Toulouse et Monbailly de Saint-Omer dans les Champs-Élysées. Pièce in-4° de 8 p. Saint-Omer. Boubers, 1772.

95 VOLTAIRE (de). La Méprise d'Arras. Pièce in-8° de 22 p. Lausanne Grasset, 1772.

95 DESNOYER (Charles). Monbailly ou la calomnie, drame en cinq actes, tiré des causes célèbres, représenté pour la première fois sur le théâtre de l'Ambigu-Comique, le 8 juillet 1840. Pièce in-8° de 32 p. à deux colonnes. Paris. De Lacombe, 1840. Le procès de Monbailly fait partie de tous les recueils des causes célèbres.

96 Lettres patentes du roi portant attribution des cas royaux à la gouvernance d'Arras et au bailliage de Saint-Omer (22 février 1771). Pièce in-4° de 4 p. Paris. Simon, 1776.

97 Observation sur la commission aux pâtures de cette ville de Saint-Omer. Pièce in-12 de 23 p. Saint-Omer. Boubers, 1773.

98 Exposition des faits et réflexions de Messieurs les Mayeur et Echevins de la ville de Saint-Omer, touchant le projet de la formation d'un chemin royal de Saint-Omer à Boulogne. Pièce in-4° de 20 p. Saint-Omer. Boubers, 1774.

99 Règlement de Messieurs du Magistrat de la ville et cité de Saint-Omer, concernant la police des sergents. Pièce in-8° de 21 p. Saint-Omer. Boubers. 1774.

100 Legrand de Castelle. A Messieurs les Grand Bailly, lieutenant général et Conseillers du Roi au bailliage royal de Saint-Omer. Pièce in-4° de 36 p. Saint-Omer. Boubers 1774. Un fief de Blaringhem est la cause de ce long mémoire qui discute deux questions intéressantes : 1° Peut-il exister une seigneurie qui ne relève pas du Roi, immédiatement ou médiatement? 2° Celui qui n'a pas de fief ni de seigneurie ne peut avoir des vassaux et des censitaires.

101 Mémoire pour le Grand Bailli du bailliage royal, ville et cité de Saint-Omer. Pièce in-4°. Saint-Omer. Boubers. 1776.

102 Arrest du Conseil d'État du Roi, du 3 septembre 1776. Pièce in-4° de 22 p. Paris. Simon, 1776. Sur les droits d'ensaisinement et de franc-fief prétendus sur les maisons de Saint-Omer.

103 Requête des Mayeurs et Echevins des villes de Saint-Omer, Béthune et Aire aux Etats d'Artois, sur le chemin de Saint-Venant à Lillers, construit contrairement aux intérêts des réclamants. Pièce in-4° de 14 p. Saint-Omer. Fertel, 1776.

104 Précis pour le sieur Adrien Leveque, entrepreneur de la manufacture de fayences, établie au Hautpont, faubourg de Saint-Omer, y demeurant, demandeur en complainte, contre Messieurs les abbé , grand prieur et religieux de l'abbaye de Saint-Bertin, en cette ville, défendeurs. Pièce in-4° de 11 p.

105 Mémoire pour le sieur Jacques-Adrien Levesque, entrepreneur de la manufacture de fayences, établie au faubourg du Hautpont..., contre Messieurs les abbé, grand prieur et religieux de l'abbaye de Saint-Bertin, intimés. Pièce in-4° de 44 p. Saint-Omer. Boubers, 1776.

106 A Nosseigneurs, Nosseigneurs des Etats de la province d'Artois, assemblés en 1777, supplique de Jacques-Adrien Levesque, entrepreneur d'une manufacture de fayences, établie au faubourg du Hautpont de la ville de Saint-Omer. Pièce in-4° de 15 p. Saint-Omer. H.-F. Boubers, 1777. Levesque demande que les Etats viennent au secours de sa manufacture soit par une gratification, soit par un prêt d'argent. Ce mémoire est curieux par les détails qu'il donne sur l'industrie qu'exerçait Levesque et on y remarque *in fine* des certificats très circonstanciés des échevins de Saint-Omer.

107 A Monseigneur, Monseigneur le prince de Montbarey, ministre et secrétaire d'Etat au département de la guerre. Pièce in-4° de 8 p. et plan. Saint-Omer. H.-F. Boubers, 1778. Levesque invoque, dans ce mémoire, la bienveillance du ministre de la guerre et demande qu'en raison de l'importance de sa manufacture et des travaux auxquels se livre son fils, ils soient exemptés l'un et l'autre des frais de milice.

108 A Messieurs, Messieurs les Mayeur, Lieutenant-Mayeur et Echevins des villes et cité de Saint-Omer, administrateurs des bourses fondées par feu M. Vanost, vivant prêtre chanoine de l'église cathédrale de Saint-Omer, en leur assemblée du 3 mai 1779, supplique d'André-Liévin Delrue, bourgeois de Saint-Omer. Pièce in-4° de 8 p. Saint-Omer. H.-F. Boubers, 1779. En 1614, le chanoine Vanost avait fondé sept bourses de 50 florins de rente pour sept pauvres vieillards ; il avait ordonné, en outre, que ses parents fussent préférés à tous étrangers. Delrue prouve sa parenté avec le donateur et invoque son grand âge et sa misère comme titres à la faveur qu'il réclame.

109 Recueil des ordonnances, statuts et règlemens des différentes corporations de la ville de Saint-Omer. Vol. in-4°. Saint-Omer. Boubers, 1780-82. Ce curieux recueil ne nous est connu qu'imparfaitement et par les cinq pièces suivantes dont la pagination indique qu'elles appartiennent au même livre.

a. Ordonnance de police concernant les sergents jurés, vendeurs de meubles, faite en halle échevinale par les Mayeur et Echevins de la ville et cité de Saint-Omer, le 26 juin 1780. Pièce in-4° de 7 p. Saint-Omer. Boubers, 1780.

b. Statuts et règlements des maîtres barbiers, perruquiers, baigneurs et étuvistes de la ville de Saint-Omer (du 14 août 1780). Pièce in-4° de 9 p. Saint-Omer. Boubers, 1780.

c. Statuts et règlements de la communauté des maîtres cordonniers des ville et cité de Saint-Omer (du 8 novembre 1780 et homologués le 15 février 1781). Pièce in-4° de 10 p. Saint-Omer. H.-F. Boubers, 1781.

d. Statuts et règlements de la communauté des maîtres savetiers des ville et banlieue de Saint-Omer (du 9 mai 1781 et homologués le 17 août de la même année). Pièce in-4° de 9 p. Saint-Omer. H.-F. Boubers, 1781.

e. Statuts et réglements pour la communauté des maîtres tourneurs des ville et cité de Saint-Omer (du 11 janvier 1782 et homologués le 22 mars de la même année). Pièce in-4° de 8 p. Saint-Omer. H.-F. Boubers, 1782,

110 Consultation de Mᵉ François-Antoine Boubers, avocat en Parlement, conseiller du Roy, lieutenant particulier de la maitrise royale des Eaux et forêts de Saint-Omer, et échevin en exercice. Pièce in-4° de 15 p. Saint-Omer. Boubers, 1781. Curieuse discussion sur la préséance des Echevins entr'eux.

111 Procès du paratonnerre de Saint-Omer (1780-1783) notice. Pièce in-8° de 15 p. Paris. Cosson, s. d. (1860 environ).

112 Mémoire signifié pour Mᵉ Charles-Dominique de Vissery de Bois-Valé, avocat en parlement, demeurant en la ville de Saint-Omer, défendeur et appellant, contre le petit Bailly de la même ville, partie publique, demandeur et intimé. Pièce in-8° de 96 p. Arras. M. Nicolas, 1782.

113 ROBESPIERRE (Mᵉ de). Plaidoyers pour le sieur de Vissery de Bois-Valé, appelant d'un jugement des Echevins de Saint-Omer qui avoit ordonné la destruction d'un par-a-tonnerre élevé sur sa maison. Vol. in-8° de 100 p. Arras. G. Delasablonnière, 1783. Le 31 mai 1793, le Conseil d'Artois réforma la sentence rendue à Saint-Omer. Ce fut un vrai triomphe pour le jeune avocat d'Arras; l'affaire intéressait le monde savant par son côté sérieux et piquait vivement la curiosité publique.

114 Mémoire pour le sieur Marin Goude, marchand en gros, demeurant à Cambray, contre la confrairie des marchands détaillans de Saint-Omer. Pièce in-4° de 40 p. Paris. Simon, 1786.

115 Prospectus d'une souscription pour un emprunt d'une somme de cent trente mille livres pour la construction d'une nouvelle salle de spectacle, en la ville de Saint-Omer. Pièce in-4° de 8 p. St-Omer. Boubers (1787).

116 Protestation faite par d'anciens mayeurs et échevins et par des habitans notables de la ville de Saint-Omer contre tout ce qui peut être contraire au rétablissement des droits du Tiers-État d'Artois. Pièce in-4° de 4 p., s. l. n d. (Saint-Omer, 1788). Muschembled, ancien échevin et quelques-uns de ses collègues n'ayant pas cru devoir exposer leurs principes devant une assemblée incomplète de la commune, demandent qu'un notaire rédige leur opinion ; elle se formule ainsi : 1° Rétablir les communes d'Artois dans leurs anciens priviléges; 2° Ordonner que, dans l'assemblée des Etats généraux, les députés du Tiers-Etat soient aussi nombreux que les députés du clergé et de la noblesse réunis et que les voix se comptent par tête.

117 Mémoire pour M⁰ Masse de Bouretz, procureur du Roi des bailliage et ville de Saint-Omer. Pièce in-4° de 26 p. s. l. n. d.

118 Supplément au Mémoire pour M⁰ Masse de Bouretz. Pièce in-4° de 4 p. Pièces justificatives, 8 p., s. l. n. d. (1789).

119 Réponse des mayeur et échevins de la ville et cité de Saint-Omer. Au mémoire imprimé de M. Masse de Bouretz, procureur du roi au bailliage de Saint-Omer. Pièce in-4° de 41 p. Saint-Omer. Boubers, 1789. Ces trois mémoires sont du plus haut intérêt pour l'histoire municipale de Saint-Omer : Le procureur du roi au bailliage est-il étranger à l'exercice de la juridiction échevinale ? Telle est la question, et pour la discuter, les deux parties invoquent de nombreuses chartes et des documens historiques peu connus.

120 Mémoire sur l'utilité de la réunion des villes de St-Omer et de Gravelines sous une seule administration, relativement à la manœuvre des écluses et à l'écoulement des eaux. Pièce in-4° de 3 p. s. l. n. d. Ce mémoire est signé Desvaux, colonel du génie à Saint-Omer, le 17 décembre 1789.

121 Mémoire justificatif pour Marie-Joseph Bauminil, actrice associée de l'Opéra, jouant présentement en cette ville de Saint-Omer. Pièce in-4° de 4 p., 23 décembre 1789.

122 Réponse au mémoire non-justificatif de Marie-Joseph Bauminil, mais bien au tissu de mensonges qu'elle a employés contre le sieur Dupré et son épouse. Pièce in-4° de 4 p., s. l. n. d. Discussion entre artistes, exploitant alors le théâtre de Saint-Omer.

123 La Révolution à Saint-Omer. Souvenirs de mon grand père, par le bibliophile Artésien (Auguste Deschamps de Pas). Vol. in-8° de 180 p. Saint-Omer, Lance, 1873.

124 Règlement concernant la milice nationale des citoyens des ville et fauxbourgs de Saint Omer. Pièce in-8° de 7 p. Saint-Omer. Boubers. 1789. Ce règlement qui porte la date du 28 août 1789, est suivi d'un extrait de l'ordonnance relative au service des places. Pièce in-8° de 12 p.

125 Extrait du registre aux délibérations du Conseil général de la commune de Saint-Omer (23 avril 1790). Pièce in-4° de 4 p. Paris, Imprimerie nationale (1790). Acte d'adhésion aux lois et décrets relatifs aux biens du

clergé : demande de lever un impôt de 12,000 livres pour créer du travail et soulager les pauvres.

126 Discours de Monsieur de Chatenay, colonel commandant de la garde nationale de Saint-Omer, à la fédération faite en la dite ville, le 11 juin 1790. Pièce in-8° de 2 p. Saint-Omer. Fertel, 1790,

127 Discours prononcé par M. le Maire de Saint-Omer, après le serment fédératif de la garde nationale et du régiment de Provence, en présence des détachements des gardes nationales des villes voisines, le 11 juin 1790. Pièce in-8° de 2 p. Saint-Omer. Boubers, 1790.

128 Liste par ordre alphabétique de MM. les administrateurs du district de Saint-Omer, nommés dans l'assemblée électorale, tenue à Saint-Omer les 19 juillet 1790 et jours suivants. Placard in-4°. Saint Omer. Veuve Fertel, 1790.

129 Discours de remerciement adressé à MM. les électeurs du district de Saint-Omer, par M. Claude-Marie Carnot de Feulinet, lors de son élection, comme président de l'assemblée électorale de ce district, le 19 juillet 1790. Pièce in-8° de 4 p. Saint-Omer, Vᵉ Fertel (1790).

130. Discours prononcé par M. Claude-Marie Carnot de Feulinet, membre de l'administration du département du Pas-de-Calais et président de l'assemblée électorale du district de Saint-Omer, lors de la clôture de cette assemblée, le 22 juillet 1790. Pièce in-8° de 4 p. Saint-Omer. Veuve Fertel (1790).

131 Adresse du Procureur de la commune de Saint-Omer à ses concitoyens (6 septembre 1790). Pièce in-4° de 4 p. Saint-Omer. H.-F. Boubers, 1790. Le Procureur Personne fait appel au patriotisme des Audomarois qui ne paraissent pas fort empressés à se faire inscrire sur les registres de la municipalité comme *citoyens actifs*.

132 Extrait du registre aux délibérations du Conseil général de la commune de Saint-Omer (8 octobre 1790). Pièce in-4° de 12 p. Saint-Omer. H.-F. Boubers, 1790. Organisation nouvelle de l'administration charitable de la ville.

133 Liste des cantons et quartiers des ville et faubourgs de Saint-Omer, concernant la subsistance des pauvres, conformément au règlement du Conseil général de la commune, du 8 de ce mois, approuvé par le Directoire du département. Pièce in-4° de 12 p. Saint-Omer. Fertel, 1790.

134 Maire et officiers municipaux de la ville de Saint-Omer à tous ceux qui ces présentes lettres verront salut : Pièce in-4° de 3 p. Saint-Omer. Boubers, 1790. Règlement de la garde nationale de Saint-Omer : Elle doit comprendre dans ses rangs toutes les anciennes confréries qui seront à l'avenir confondues sous le même uniforme. Ce règlement s'adresse spécialement aux confréries de Saint-Georges, Saint-Sébastien et Sainte Barbe qui sont dissoutes.

135 Société des amis de la constitution, établie à la conciergerie de la ville de Saint-Omer. — Considérations sur le décret qui permet la circulation des grains dans tout le royaume (26 novembre 1790). Pièce in-4° de 4 p. Saint-Omer. H. Fertel, 1790. La société prend des conclusions dans le sens de la circulation restreinte : cette erreur économique a donné lieu au mémoire suivant.

136 V... à Messieurs de la société des amis de la constitution établie en la conciergerie de la ville de Saint-Omer (1er décembre 1790). Pièce in-4 de 11 p. Saint-Omer. Boubers 1790. L'auteur anonyme établit que la société ne peut qu'obéir à la loi et s'en rapporter à la sagesse de l'assemblée nationale : Elle a prescrit la libre circulation des grains ; personne ne peut restreindre la liberté qu'elle a donnée.

137 Mémoire sur l'utilité de la réunion des villes de Saint-Omer et de Gravelines, sous une seule administration, relativement à la manœuvre des écluses et à l'écoulement des eaux. Pièce in-4° de 8 p. Paris. Prault, 1790.

138 Adresse de la société des amis de la constitution au peuple (de Saint-Omer). Pièce in-8° de 4 p. Saint-Omer. Boubers. Deux magistrats municipaux, MM. de Lauretan et Lefrançois étaient arrêtés : Le peuple avait manifesté contre eux une violente colère. Les amis de la constitution, présidés par Daunou, rappellent à la multitude qu'elle doit obéissance aux lois et respect aux accusés.

139 Discours qui a précédé le serment civique, prêté en présence du Conseil général de la commune de la ville de Saint-Omer, le 16 janvier 1791, par Messieurs les recteur, préfets et professeurs du collége français de cette ville, prononcé en leur église, par M. Détorcy, recteur du dit collége. Pièce in-4° de 3 p. Saint-Omer. Fertel, 1791.

140 Extrait d'une lettre écrite de Saint-Omer. Pièce in-8° de 7 p., s. l. n. d. (Lettre curieuse de Sanlec sur les troubles des 16 et 17 mai 1791).

141 Adresse de la société des amis de la constitution de Saint-Omer, à leurs concitoyens (25 mai 1791) Pièce in-8° de 4 p. Saint-Omer. Boubers, 1791.

142 Adresse de la société des amis de la constitution de Saint-Omer, à l'Assemblée nationale, sur le décret du 15 juillet 1791. Pièce in-8° de 4 p. Saint-Omer. Boubers (1791).

143 Adresse des amis de la constitution de Saint-Omer aux habitans de la campagne. Pièce in-8° de 10 p. Saint-Omer. Boubers, 1791.

144 Règlement de le société populaire, *dite des sans culottes hollandais.* établie à Saint-Omer, le 1er juillet 1792, affiliée à la société des amis de la liberté et de l'égalité, séante aux ci-devant Jacobins à Paris. Pièce in-8° de 4 p. s. l. n. d.

145 Citoyens de Saint-Omer, occupez-vous des moyens de saisir les prétendus convertis du 31. Faisons guerre éternelle et sans relâche à ces amphibies de la Révolution.Pièce in-8° de 10 p. Boulogne.Dolet. Cette pièce signée des commissaires de la société Batave, disculpe cette société de trahir les principes du jacobinisme.

146 DECQUE (Louis). Deux mots à la municipalité de Saint-Omer. Pièce in-8° de 3 p., s. l. n d. (octobre 1792). Sur la vente des cloches des églises.

147 Pétition à la convention nationale par la citoyenne Marie-Thérèse Bertin-Cuvelier, demeurant à Saint-Omer, sur la fausse application à son égard, de la loi du 8 avril 1792, concernant les émigrés. Pièce in-8° de 4 p. Paris. Imprimerie nationale, 1792.

148 Adresse des sections réunies de la ville de Saint-Omer à la convention nationale (19 juin 1793). Pièce in-4° de 4 p. Saint-Omer. Gougeon (s. d.) Déclaration en faveur des députés Payne, Varlet, Daunou, Maniez et Personne auxquels les sections d'Arras venaient de retirer leur confiance.

149 Adresse de la Société des amis de la liberté et de l'égalité, établie à Saint-Omer, sous le nom de société des sans culottes Hollandais, à

la convention nationale. 24 juin 1793. Pièce in-8° de 2 p. Saint-Omer. Fertel, 1793.

150 Proclamation des Hollandais réfugiés aux citoyens de Saint-Omer. Pièce in-8° de 10 p. Boulogne. Dolet (an II). Ce manifeste signé par Van Altena et de Haas, commissaires de la société, commence ainsi : « On vous a « dit dans une séance de la société montagnarde qu'il y a des partis entre les « Hollandais réfugiés qui ont des opinions différentes... »

151 JEAN-BAPTISTE PERSONNE, député à la convention nationale, à ses concitoyens de la ville de Saint-Omer. Pièce in-4° de 4 p., s. l. n. d.

152 La société des amis de la convention, séante à Saint-Omer, à Duhem, représentant du peuple. Pièce in-8° de 2 p. Saint-Omer. Goujeon, an II.

153 Adresse de la société populaire montagnarde de Saint-Omer, à la convention nationale. Placard in-4°. Saint-Omer, Goujeon, 1793. La société décide qu'elle ne recevra aucun prêtre parmi ses membres et qu'elle ne conservera pas ceux qu'elle avait précédemment admis.

154 Extrait du procès-verbal de la séance publique de la société populaire dite Montagnarde, du 29 août 1793. Pièce in-4° de 3 p. Saint-Omer. Goujeon, 1793.

155 Discours prononcé par le Maire de Saint-Omer à la suite de la proclamation des commissaires nationaux et du décret qui déclare Dumouriez, traître à la patrie. Pièce in-4° de 2 p. Saint-Omer. Goujeon, 1793.

156 J.-M. LEFEBVRE à ses concitoyens. Pièce in-4° de 4 p. Saint-Omer. J.-B. Goujeon, 1793. Justification de Lefebvre à l'occasion de sa suspension prononcée par les représentants du peuple.

157 Extrait du registre aux arrêtés du département du Pas-de-Calais, Séance du 1er septembre 1793. Pièce in-4° de 4 p. Saint-Omer. Gougeon, 1793. Document relatif aux discussions qui s'étaient produites entre les administrateurs de la ville.

158 Extrait du procès-verbal de la séance publique de la commune de Saint-Omer, du 2 septembre 1793. Pièce in-4° de 6 p. Saint-Omer. Goujeon, 1793. Ordre de brûler tous les emblèmes et souvenirs du despotisme. Curieux détails.

159 Projet de fête pour la dédicace d'un temple à la Raison. (Brumaire an II). Pièce in-8° de 8 p. Saint-Omer. J.-B. Goujeon (an II). Pièce rare.

160 Fête patriotique pour le premier jour de repos du deuxième mois de l'an second de la République une et indivisible. Pièce in-4° de 4 p. Scithieu-la-Montagne. Goujeon, an II. Copie de la fête célébrée à la même époque à Arras, en l'honneur du nouveau calendrier. Le soir, dit le programme, des amateurs patriotes joueront, pour le peuple, dans l'église du ci-devant collège français : *Brutus*, suivi du *Départ des Volontaires villageois.*

161. La société populaire des Montagnards de Saint-Omer à celle de Montreuil-sur-Mer. Pièce in-4°, s. l. n. d. (22 septembre 1793). Contre le modérantisme et l'aristocratie.

162 La société populaire des Montagnards de Saint-Omer à celle des Républicains anti-politiques de la ville d'Aire (27 septembre 1793). Pièce in-4° de 2 p. (s. l.) Même thème qu'au numéro précédent.

163 Adresse à la convention nationale, présentée par Turlure à la société populaire des Montagnards de Saint-Omer et adoptée par elle (7 octobre 1793). Pièce in-4° de 3 p. Saint-Omer. Goujeon, an II.

164 Adresse à la convention nationale présentée par Turlure à la société des Montagnards de Saint-Omer et adoptée par elle (22 octobre 1793). Pièce in-4° de 4 p. Saint-Omer. Goujeon, an II. Sur la mort du citoyen Beauvais.

165 La citoyenne Grandjant, épouse du citoyen Lepaige, administrateur du directoire du district de Saint-Omer, provisoirement suspendu de ses fonctions, à ses concitoyens. Pièce in-8° de 12 pages. Douai. Associés, (l'an 2). Ce mémoire justificatif est daté d'Arras, 20 brumaire, an II ; Il contient des renseignements précieux sur les premières années de la révolution à Aire.

166 La Société des Amis de la Convention, séante à Saint-Omer réunie au peuple, à la Convention Nationale. Pièce in-8° de 2 p. Saint-Omer, Goujeon, an II.

167 Adresse des cinq Sections réunies de la Commune de Saint-Omer à la Convention Nationale, (7 nov. 1793). Pièce in-4° de 4 p. Saint-Omer, Goujeon, an II. — Contre le fédéralisme.

168 Séance convoquée par différens commissaires des Sociétés de Saint-Omer, de Merville, de Saint-Venant, d'Hazebrouck, de Dunkerque, de Bergues, à l'effet de décider si l'ancienne ou la nouvelle Société, mérite leur estime et leur affiliation. Pièce in-4° de 3 p. Saint-Omer, Gougeon, an II.

169 Circulaire de l'Agent national du district de Saint-Omer (11 pluviose an II). Placard in-4°. Saint-Omer, an II. — L'Agent du district, conformément à un arrêté de J. Lebon, en date du 28 brumaire, ordonne à tous les ci-devant ecclésiastiques, âgés de moins de 25 ans, de se rendre à Saint-Omer pour être incorporés dans les bataillons de la nouvelle réquisition.

170 Arrêté du Représentant du peuple, Joseph Lebon, et délibération du district de Saint-Omer pour en assurer l'exécution (22 pluviôse an II). Pièce in-4° de 3 p. Saint-Omer, Goujeon, an II. Le 17 pluviose an II, Lebon avait pris un arrêté pour exécuter la loi relative aux ci-devant nobles, aux parents d'émigrés et s'assurer de leur civisme ; le 22 suivant, le district ordonne les mesures les plus rigoureuses pour la constatation des opinions politiques des personnes suspectes.

171 Procès-Verbal de la Séance du 26 pluviôse, des citoyens de Saint-Omer, réunis en société populaire. Pièce in-8° de 4 p. Saint-Omer, Goujeon, an 2.

172 L'adresse de la Société Montagnarde de Saint-Omer, en date du 9 ventôse dernier, réfutée par la Société des Sans-Culottes Hollandais ou Bataves. Pièce in-8° de 12 p. Boulogne, Dolet. An II, — Discussion entre les deux sociétés devenues ennemies par suite de ces jalousies locales qui se produisent dans tous les mouvements révolutionnaires.

173 Discours prononcé dans le Temple de la Raison, par Toulotte, organe de la Société Montagnarde de Saint-Omer. 12 ventôse an II. Pièce in-4°, s. l. n. d.

174 Opinion de J.-B. Deschamps, citoyen français, membre de la Société Montagnarde de Saint-Omer, sur l'adresse de cette Société à la convention nationale, votée à l'unanimité dans sa séance du 29 Floréal et livrée de nouveau à la discussion par un arrêté du 16 prairial. Pièce in-8° de 8 p., s. l. n. d (Saint-Omer, J.-B. Goujeon).

175 La Société Populaire et Montagnarde de Saint-Omer à la Convention Nationale. Pièce in-8° de 3 p. Saint-Omer, Goujeon, an II.

176 Circulaire des administrateurs du district de Saint-Omer (9 Prairial an II). Placard in-4°. Rappelle l'arrêté du représentant J. Lebon qui défend aux cultivateurs de chômer le dimanche et se plaint de l'opposition que cette mesure toute républicaine rencontre dans les campagnes.

177 Plan de fête à l'Etre-Suprême, adopté par la commune de Saint-Omer pour être exécuté le 20 prairial prochain. Pièce in-8° de 8 p. Saint-Omer. Goujeon (1794).

178 Les administrateurs du district de Saint-Omer à tous les habitans des ampagnes de ce district (21 prairial an II). Placard in-4°. Saint-Omer an II. Invitent les communes rurales à imiter Saint-Omer et à célébrer les fêtes décadaires, décrêtées par la Convention, en l'honneur de l'Etre-Suprême.

179 Discours prononcé par le citoyen Dubleumortier, écolier du Saint-Sépulcre, à la Société Montagnarde de Saint-Omer. Pièce in-4° de 2 p. Saint-Omer, Goujeon, an II. « L'école du Sépulcre doit s'appeler, dit le jeune citoyen, Ecole des Sans-Culottes Montagnards et il n'y a d'autres saints que les martyrs de la liberté, Marat, Lepelletier, Bauvais, etc. ! »

180 Les administrateurs du district de Saint-Omer à leurs concitoyens, (janvier 1794). Pièce in-4° de 3 p. Saint-Omer, Goujeon, an III. Les administrateurs invitent les riches à échanger leur vaisselle d'argent contre des assignats.

181 Extrait de la séance de la Société populaire de Saint-Omer, tenue devant le représentant du peuple Berlier, le 3 vendémiaire, troisième année républicaine. Pièce in-8° de 8 pages. Saint-Omer, J.-B. Goujeon (an 3). Cet extrait comprend les discours modérés des citoyens Liborel, président du Tribunal et Bachelet juge suppléant. Il fut imprimé à six mille exemplaires.

182 Les Maires et Officiers municipaux de la commune de Saint-Omer à .eurs concitoyens. Pièce in-4° de 2 p. Saint-Omer, an III. Les marchés étaient désertés par les habitants des campagnes et la ville souffrait une sorte de disette. La municipalité signale les causes de ce malaise et l'attribue aux alarmistes et aux désordres commis par de prétendus patriotes E ' édicte, en même temps, des mesures de police très-sévères.

183 Réflexions de quelques citoyens de Saint-Omer su.' la proposition

faite de confisquer les biens des pères et mères qui ont des enfants émigrés. Pièce in-4° de 3 p. s. l. n. d. (Saint-Omer, an III).

184 JADOT, membre de la Société populaire des Amis de la Convention et commissaire de la commune de Saint-Omer, au président de la Convention Nationale. Pièce in-8° de 4 p. Paris, Guffroy (an III). Quelques détails sur Saint-Omer au milieu de réclamations personnelles et sans intérêt.

185 Pétition des habitans de la ville de Saint-Omer, département du Pas-de-Calais, signée des citoyens Valle, Senlec, Baudri, commissaires envoyés à Paris. Pièce in-8° de 3 p. Paris, Gorsas. Demande de secours pour les parens pauvres des militaires qui sont en campagne.

186 VOGUE, administrateur du district de Saint-Omer, à ses frères qui composent la Société Montagnarde de la même commune. Pièce in-8° de 4 p. Saint-Omer, J.-B. Goujeon. Ce discours définit ce qu'il faut entendre par patriote enragé et patriote surveillant. C'est déjà un symptôme de retour au modérantisme.

187 Extrait du registre de la Société populaire de Saint-Omer (2 pluviose, an III). Pièce in-4° de 4 p. Saint-Omer. Gougeon, (an III). Discours prononcé par un membre pour célébrer l'anniversaire de l'exécution de *Capet*.

188 Guerre aux factieux! Vive le peuple! Respect à la Convention! Procès-verbal du 26 pluviôse. Pièce in-8°. Saint-Omer, J.-B. Gougeon, s. d. (an III).

189 PARENT RÉAL. Le Commissaire exécutif près l'administration municipale de la commune de Saint-Omer aux habitans du canton. Pièce in-8° de 16 p. Saint-Omer. Vᵉ Goujeon, an III. Exécution de la loi du 25 fructidor, an III, relative aux élections.

190 Le Commissaire du Directoire exécutif près l'administration municipale de Saint-Omer, aux habitants de la même commune. Pièce in-8° de 4 p. Saint-Omer, Vve Goujeon. (1ᵉʳ messidor, an IV).

191 Le Commissaire du Directoire exécutif près l'administration municipale de la commune de Saint-Omer aux habitans de la même commune. Pièce in-4° de 4 p. Saint-Omer, Vᵉ Goujeon. Messidor an IV. — La ville de Saint-Omer était travaillée par des dissensions intestines qui menaçaient de devenir sanglantes. Le commissaire rappelle les habitans à la concorde et à l'observation des lois.

192 Discours prononcé par Parent-Réal, commissaire du directoire exécutif près l'administration municipale de Saint-Omer, aux fêtes de la liberté, (10 thermidor, an IV). Pièce in-8° de 4 p. Saint-Omer, Vᵉ Gougeon, an IV.

193 Le Commissaire du directoire exécutif près l'administration municipale de la commune de Saint-Omer, aux habitans du canton (Exécution de la loi du 25 fructidor, an III, relative aux élections). Pièce in-8° de 15 p. Saint-Omer, Vᵉ Gougeon (an V, 2 nivôse).

194 Le Commissaire du Directoire exécutif près l'administration municipale de la commune de Saint-Omer aux habitans du canton. Pièce in-8° de 16 p. Saint-Omer, Vᵉ Gougeon (25 nivôse, an V).

195 Discours prononcé le 10 floréal (an V) par le président de la commune de Saint-Omer à l'occasion de la fête des Epoux. Pièce in-8° de 8 p. Saint-Omer, Fertel. — Le citoyen Blanchard, administrateur de Saint-Omer, est l'auteur de ce discours dans lequel, au milieu des banalités de circonstance, on trouve le renseignement suivant : «cette fête ne fut jamais plus néces-
» saire qu'aujourd'hui à la suite de ce débordement de crimes dont nous
» sommes encore effrayés. Vous savez avec quelle facilité on a tranché des
» nœuds dont la durée devait égaler celle de la vie.... Plus d'une fois aussi
» vous avez été les témoins de la fougue désordonnée de celle dont la
» modestie et la pudeur devaient être le plus bel ornement ; vous avez vu
» par quel étrange abus de l'esprit, elle a essayé de trouver des crimes à
» l'objet de son premier attachement et, comment, étouffant le cri de la
» nature,elle ne s'est plus enfin rappelé qu'elle était mère ».Les régénérateurs du temps avaient établi le divorce facile; M. Blanchard en constate les heureux résultats ; Ce discours a été imprimé à 400 exemplaires.

196 Recueil de pièces sur la vente des boucheries de la ville de Saint-Omer.

1° Réflexions des Maire et Adjoints de St-Omer relatives aux boucheries de la même ville. Pièce in-4° de 9 p.

2° Observations des Maire et Adjoints de la ville de Saint-Omer sur la vente illégale des boucheries de cette ville faite aux citoyens Vanvincq, notaire et Marin, marchand, le 25 germinal, an VII. Pièce in-folio de 4 p.

3° Réponse à un écrit intitulé : Observations des Maire et adjoints de la ville de Saint-Omer sur la vente illégale des boucheries de cette ville, faite aux citoyens Vanvincq, notaire et Marin, marchand, le 24 germinal an VII. Pièce in-4° de 4 p.

197 Extrait des registres au délibérations de l'administration municipale du canton de Saint-Omer (séance du 27 germinal an VII). Pièce in-4° de 7 p. Saint-Omer, V° Goujeon (an VII). Programme de la fête de l'Agriculture.

198 Pétition de trois mille citoyens de Saint-Omer au directoire exécutif pour lui dénoncer les actes d'oppression et les mesures liberticides, dirigés contre leur commune par R. Crachet et les membres de l'administration centrale du Pas-de-Calais (27 thermidor, an VII). Pièce in-8° de 12 p. s. l. n. d.

§ 2. — ÉVÊCHÉ DE SAINT-OMER

199 MALPAUDIUS (Joannes), Oratio funebris habita in obitû Gerardi Hamericurtii, abbatis Bertiniani. Ms de la bibliothèque d'Arras (n° 364). Gérard d'Haméricourt fut le premier évêque de Saint-Omer.

200 Erectio Collegii, seu seminarii clericorum sancti Audomari et ordo fundationum factarum in eôdem. Ms in-folio du XVII° siècle, n° 528 du catalogue des Mss de la bibliothèque de Saint-Omer. Recueil de documents divers depuis 1581-1703.

201 Statuta synodi diœcesanæ Avdomarensis, anno CIↃIↃLXXXIII, Audomaropoli celebratœ, presidente Reverendissimo in Christo patre ac domino, D. Ioanne Six, episcopo Avdomarensi. Vol. in-folio de 6-142 p., plus la table Duaci. Ioannes Bogardus. 1583. — Dans ce volume se trouve la profession de foi, conforme aux prescriptions du Concile de Trente, écrite en latin, en français et en flamand.

202 Selon le père Lelong, un deuxième synode ayant été tenu en 1585, l'Evêque Six aurait fait imprimer l'année suivante : *Statuta synodi anno 1585 celebratœ, Preside Ioanne Six etc., Duaci. J. Bogardus 1585. Vol. in-4°*.

203 LUCAS (Franç.). In obitum. D. Joannis Six, Episcopi Audomarensis, oratio funebris. Pièce in-4° de 44 p. Antuerpiœ. Plantin, 1587.

204 Gratulationcs et mox tumuli D. Jacob Pamelio ab, And. Hoio, Brug. et Fred. Iamotio, medico. Pièce in-4°. Duaci, J. Bogardus, 1587.

205 TABEOMIUS (G.). Laudatio funebris in obitum Jacobi Pamelii, Episcopi, Audomarensis designati. Pièce in-4°, Antuerpiœ. Bellerius, 1589. — Tabeomius était archidiacre de Saint-Omer : il mourut en 1608.

206 FABER (Adr.). Oratio funebris habita in laudem memoriæ vener. Episcopi Audomarensis Jos. de Vernois. Pièce in-4°. Douai 1600. Lefèvre (Adrien) était chanoine de l'Eglise de Saint-Omer, il mourut en 1610.

207 Pastorale Ecclesiæ Avdomarensis desumptum ex sacerdotali Romano, adiectis variis instructionibus et exhortationibus, aliisq curam animarum concernentibus ut sequens præfatio et tabula indicant. Editum à R^{mo} in christo patre ac Domino, D. Iacobo Blasœo, Episcopo Audomarensi, in synodo Diœcesanâ. an 1606. Vol. in-4°, proleg 10 p. 1re partie 128 p. 2e partie 88 p. 3e partie 77 p. Avdomaropoli, F. Bellet, 1606.

208 Ordinarium Sanctorum cathedralis Audomarensis ad formam Romani breviarii. Vol. in-8°. Audomari, F. Bellet, 1610 —n° 1541, catal. V. Velde.— Il semble résulter du même catalogue que ce livre fut réimprimé en 1633, sous l'épiscopat de Mgr de Morlet.

209 Statuta Synodi diocesanæ Audomarensis R° in Christo patri ac D. D. Jacobi Blasœo, Episc. Audomarens, habitæ in palatio suo episcopali, Die 9 maï, anno 1613. Ms (catalogue Vande Velde, n° 2885).

210 P. Paunetius, Dei et Apostolicæ sedis gratiâ Episcopus Audomarensis dilectis nobis in christo pastoribus hujus civitatis et diocesis nostræ Audomarensis salutem in domino (20 août 1629). Placard in-folio s. l. n. d. — L'évêque engage son clergé à participer aux frais de la guerre.

211 Statuta Synodi diocesanœ Avdomarensis, anno 1588, Audomarapoli celebratœ, renovata, avcta et publicata die decimâ nonâ mensis Aprilis, anni Dni 1640, presidente reverendissimo in Christo patre ac domino, D. Christhophoro de France, Episcopo Audomarensi. Vol. in-folio de 153 p. Avdomari. V -Ch. Boscard 1640.

212 Ordinarium Sanctorvm cathedralis Ecclesiæ S. Audomari, redactum ad formam breviarii Romani, Clementis 8 et Urbani 8 anctoritate recogniti.

Pièce in-4° de 85 p. Audomari, J. Carlier, 1668. Ce volume a été réimprimé en 1708, dans le format in-4°.

213 Directorium ad légendas decantandasve horas canonicas ac missam' pro anno 1673. Vol. in-4°. Audomari. P. Geubels, 1673.

214 LAPLANE (H. de). Messieurs de Valbelle, évêques de Saint-Omer (1684-1754). Pièce in-8° de 43 p. Saint-Omer, J. Lemaire 1872.

215 Illustrissimo ac Reverendissimo Ecclesiæ Principi, Ludovico Alphonso de Valbelle, è Vicicomitibus Massiliæ, Episcopo Audomaropolitano, Regii Oratoris Prefecto et etiam nunc à Comitiis généralibus Artesiæ ad Regem Christianum delegato, 1686. Pièce in-4° de 7 p., s. l. n. d. Pièce de vers latins signée : *Toussart*.

216 Indults en forme de brefs, accordés au Roi par Notre Saint-Père le Pape Innocent XI, pour la nomination aux évêchés d'Ypres et Saint-Omer, abbayes et autres bénéfices, situés au comté de Bourgogne et dans les villes cédées par le Traité de Nimègue (20 mai 1686). Pièce in-4°. Paris, Léonard, 1686.

217 Conférences ecclésiastiques du diocèse de Saint-Omer. Pièce in-4°, s. l. n. d. (Saint-Omer 1689).

218 Mandement de Mgr l'Evêque de Saint-Omer (Louis-Alphonse de Valbelle). Pièce in-4° de 14 p. Saint-Omer, B. Combe 1694. — Règles données au clergé du diocèse.

219 Ordonnances synodales de Mgr l'évêque de Saint-Omer (14 may 1698). Pièce in-4° de 8 p. Saint-Omer. Carlier. 1698. Sur le baptême et la confirmation.

220 Mandement de Mgr l'Esvesque de Saint-Omer pour la publication de la constitution de N. S.-P. le Pape Innocent XII contre le livre intitulé : *Explication des Maximes des Saints sur la vie intérieure* (5 avril 1700). Pièce in-4° de 12 p. Saint-Omer, B. Combe. 1700.

221 Ordonnances synodales de Mgr l'Evesque de Saint-Omer. May 1700. Pièce in-4° de 8 p. Saint-Omer, Combe. — Sur le sacrement de l'Eucharistie.

222 Remontrances faites à Sa Majesté par ses sujets des pays conquis sur

l'Edit de 1695, concernant la jurisdiction ecclésiastique. Pièce in-folio de 30 p. Paris, veuve Chardon. 1700. — Les provinces conquises réclamèrent contre l'exécution de l'édit de 1695, comme inutile et contraire aux droits du Roi et aux intérêts du pays. Quoique ce mémoire fut l'expression de l'opinion la plus générale et qu'un certain nombre de maisons religieuses y eussent adhéré, l'opinion contraire était soutenue par les évêques de Saint-Omer, d'Ypres et de Tournay.

223 Requeste aux Roy des Evesques de Saint-Omer, de Tournay, d'Ypres pour servir de réponse à l'écrit intitulé : Remontrances faites à S. M. par ses sujets des pays conquis sur l'édit de 1695, concernant la jurisdiction ecclésiastique, imprimée à Paris, chez la veuve Chardon, 1700. Pièce in-folio de 98 p. Paris, Ballard, 1701. Les mêmes évêques publièrent une seconde requête sur l'édit de 1695. Pièce in-folio de 60 p. Paris, 1701.

224 Arrêt du Conseil d'État du 5 septembre 1701 qui ordonne que l'exécution de l'Edit du mois d'avril 1695 demeurera sursise à l'égard de la province d'Artois, en la même forme et manière portée par l'arrêt du Conseil du 23 août 1698. Pièce in-4°. Paris. 1706.

225 Mémoire pour les notables habitants et paroissiens de la ville de Bourbourg, province de Flandre, deffendeurs contre M. Guillaume Van Kempen, prêtre, curé du dit lieu, demandeur en requête du 13 août 1701. Pièce in-folio de 27 p., s. l. n. d.

226 Sommaire pour les notables habitans et paroissiens de la ville de Bourbourg contre M. Guillaume Van Kempen, etc. Pièce in-folio de 5 p., s. l. n. d. — Discussion sur les droits des curés dans le diocèse de Saint-Omer en ce qui regarde le logement. L'évêque de Saint-Omer s'était adressé au Conseil du Roi pour faire vider la question de savoir à qui incombait, dans les Flandres, la charge des maisons presbytérales.

227 Ordonnances synodales de Mgr l'Evesque de Saint-Omer touchant les festes et la sanctification des dimanches et des festes (31 mai 1702). Pièce in-4° de 11 p. Saint-Omer, Combe. 1702.

228 Ordonnances synodales de Mgr l'Evêque de Saint-Omer sur les confrairies (23 may 1703). Pièce in-4° de 8 pages. Saint-Omer, B. Combe. 1708.

229 Lettres patentes sur la constitution du Pape en forme de bulle qui

confirme les constitutions des Papes Innocent V et Alexandre VII sur le Jansénisme (à la suite : Mandement de l'évêque de Saint-Omer du 16 novembre 1705 qui accepte la dite constitution). Pièce in-4° de 11 p., s. l. n. d. (Saint-Omer 1705).

230 Réplique pour M. Antoine Bastide, chanoine du chapitre de Saint-Omer et précepteur des pages de la petite écurie, défendeur contre le sieur Panissod, chanoine de la même église, opposant à l'arrêt contradictoire du Conseil du 4 avril 1698, qui maintient le défendeur dans son privilège contre le chapitre de Saint-Omer qui le lui contestait. Pièce in-4° de 4 p. s. l. n. d. 1708.

231 Mémoire pour les Doyen, Chanoines et Chapitre de l'Eglise cathédrale de Saint-Omer, demandeurs en cassation d'arrêt du grand Conseil, contre M. Jean-Baptiste Panissod, chanoine de la dite église et aumônier de Madame, défendeur. Pièce in-folio de 4 p., s. l. n. d. (1708).

232 Arrêt du Conseil d'État privé du Roy du 30 avril 1708 qui ordonne que l'Eglise et le chapitre de Saint-Omer ne seront tenus de recevoir, à l'avenir, plus de deux privilégiez des officiers de la Chapelle et Oratoire du Roy et de tous les autres employez dans les Etats. Pièce in-4° de 26 pages, s. l. n. d.

233 Arrest de la Cour du Parlement en faveur des graduez qui juge, entr'autres questions, que l'église de Saint-Omer n'est point exempte de l'expectative des Graduez (3 février 1717). Pièce in-4° de 8 pages. Paris, Cochart, 1717.

234 Recueil des Mandements et de toutes les Ordonnances de feu M. Louis-Alphonse de Valbelle, évêque de Saint-Omer contenant aussi plusieurs mandemens de Messieurs les Vicaires généraux et de Monseigneur François de Valbelle, à présent évêque de Saint-Omer. Vol. in-12 de 187 p. Luxembourg, A. Chevalier, 1718. Le même ouvrage, considérablement augmenté, a été imprimé à Saint-Omer chez Fertel, en 1780.

235 Mémoire pour les Doyen, Chanoines et Chapître de l'Eglise cathédrale de Saint-Omer et les abbé et religieux de Saint-Bertin, appellans d'une sentence rendue au Conseil Provincial d'Artois le 18 octobre 1717 — Contre les habitants de la paroisse de Zudausque et Cormette, intimez. Pièce in-folio de 7 p. Paris, Vincent, 1718. — Sur l'obligation de loger le curé de la paroisse.

236 Dénonciation des erreurs, excès scandaleux, etc., de quelques ecclésiastiques du diocèse de Saint-Omer à Monseigneur François de Valbelle. Pièce in-4° de 10 pages, s. l. (1724) François Flaman, prêtre, signale les opinions jansénistes de quelques membres du clergé.

237 Dénonciation à Monseigneur François de Valbelle de Tourves, évêqne de Saint Omer, de plusieurs erreurs dictées et enseignées par les professeurs de son séminaire. Pièce in-4° de 26 p. s. l. n. d., signée N. G.

238 Deuxième Dénonciation. Pièce in-4° de 24 p. s. l. 1725, signée : Joseph Sala.

239 Troisième Dénonciation (signée 3XXX). Pièce in-4° de 81 p. Bruges, J. Beermaers, 1726. Les deux premières doivent sortir de la même imprimerie.

240 Justification de la doctrine enseignée au séminaire de Saint-Omer contre un libelle intitulé : Dénonciation. Pièce in-4° de 94 p. Saint-Omer, Fertel, 1725.

241 Lettre d'un Ecclésiastique de Saint-Omer à M. XXX, chanoine de Boulogne, sur l'état présent du diocèse, 22 mai 1727. Pièce in-4° de 16 p. s. l. n. d.

242 Deuxième lettre de M. le Chanoine de XXX à M. l'abbé XXX. Pièce in-4° de 4 p. s. l. n. d.

243 Rituale Ecclesiœ Audomarensis cùm necessariis instructionibus Ill. ac. rever. Francisci de Valbelle de Tourves, Episcopi Audomarensis, auctoritate editum. Vol. in-4°. Audomari. Fertel, 1727.

244 Ordo Pompæ Funebris Illus. ac Reverend. D. Domini, Fr. de Valbelle de Tourves, è Vicom. Massil, Audomarensium Episcopi, anno MDCCXXVIII. Pièce in-4° de 16 p. s. l. n. d.

245 Oraison funèbre de Monseigneur l'Illustrissime et révcrendissime François de Valbelle, docteur de Sorbonne, abbé de Notre-Dame de Pontron, évêque de Saint-Omer, ci-devant maître de l'Oratoire du Roy et l'un de ses aumôniers ordinaires, prononcée dans l'Eglise de Saint-Omer le lundi 16 février 1728. On trouve à la suite : Epitaphes 4 p. Ordo Pompœ funebris 16 p. Pièce in-4° Saint-Omer. Fortel, 1728.

246 Oraison funèbre de Monseigneur l'illustrissime et reverendissime François Salles de Valbelle, évêque de Saint-Omer, prononcée dans l'Eglise paroissiale de Tourves, le 17 novembre 1729, à l'ouverture d'un service solennel que ce prélat y a fondé à perpétuité, par Messire Jean-Baptiste Roux, prêtre de la ville de Saint-Maximin et desservant de la paroisse de ce lieu de Tourves. 2ᵉ edition. Pièce in-4° de 28 p. Avignon, Chassel, 1730.

247 Mandement de Monseigneur l'illustrissime et révérendissime Evêque de Saint-Omer à tous les pasteurs et ecclésiastiques de son diocèse pour adopter les ordonnances de ses prédécesseurs (15 juillet 1728). Pièce in-4° de 24 p. Saint-Omer, Fertel 1728.

248 Ode présentée à Monseigneur Joseph, Alphonse de Valbelle, Evesque de Saint-Omer, le 15 janvier 1728, jour auquel il prit possession de son évêché. Pièce in-4° de 3 p., s. l. n. d.

249 Règlement de Messieurs du chapitre de Saint-Omer pour la cave de leur enclos. Placard in-folio, s. l. 1732. Curieux détails sur la police que le chapitre voulait établir dans le Cabaret dépendant de son enclos.

250 Signification de l'Evêque de Saint-Omer aux abbesses de Blandecques et de Ravensbergues, ordonnées par l'abbé de Clairvaux (29 mai 1732). Pièce in-4° de 6 p., s. l. n. d. — Suspension des abbesses de Blandecques et de Ravensbergues que l'évêque de Saint-Omer croit illégalement nommées.

251 Censure. Joseph-Alphonse de Valbelle de Tourves, évêque de Saint-Omer, au révérend Gervin Reckervaërt, abbé de l'abbaye de Saint-Winnocq à Bergues, diocèse d'Ypres, soy disant curé primitif de la paroisse de Spyckre de notre diocèse (28 juillet 1732). Pièce in-4°. s. l. 1732.

252 Mémoire pour Monsieur l'Evêque de Saint-Omer intimé — Contre les dames abbesses de Blandecques et de Ravensbergues, appelantes comme d'abus et le sieur abbé de Clairvaux de l'ordre de Citeaux, intervenant (M. de Laverdy, avocat). Pièce in-folio de 20 p. Paris, P. Du Mesnil, 1733. L'Evêque de Saint-Omer réclame le droit d'examiner les novices qui entrent en profession. — Il avait suspendu les abbesses de Blandecques et de Ravensbergues qui invoquaient de leur côté une exemption de la juridiction épiscopele, accordée à l'ordre de Citeaux. Le Parlement avait adopté une jurisprudence très favorable à l'autorité épiscopale et, malgré Mᵉ Cochin, avocat des deux abbesses, un arrêt de Grand'Chambre du 3 février 1733, donna gain de

cause à l'évêque. M⁐ Cochin a fait imprimer un mémoire à l'appui de l'appel.

253 Mémoire pour M. l'Evêque de Saint-Omer, contre Dom Benoit Petitpas, abbé de l'abbaye de Saint-Bertin et les prieur et religieux de cette abbaye, appellans comme d'abus. Pièce in-folio de 10 p. Paris, Knapen 1734. L'Evêque prétendait interdire à deux religieux de Saint-Bertin le droit de soutenir dans leur abbaye, une thèse qui avait été imprimée sans son autorisation. Un arrêt du 24 décembre 1734 repoussa ses prétentions.

254 Pièces relatives au procès intenté par l'évêque de Saint-Omer à l'abbé de Saint-Bertin au sujet du droit prétendu par celui-ci d'assister aux processions en crosse et en mitre — ce procès, puéril peut-être en la forme, fut l'occasion de nombreuses dissertations historiques sur l'origine de la cathédrale de Saint-Omer et de l'abbaye de Saint-Bertin. —Pour discuter les droits de l'abbé il fallut remonter aux temps les plus reculés et étudier les événements les plus importants de l'histoire des deux églises. Les questions agitées étaient : 1° L'Eglise de la Vierge, aujourd'hui cathédrale de Saint-Omer, a-t-elle été bâtie par l'évêque Omer avant que Saint-Bertin et ses compagnons aient quitté l'abbaye de Luxeuil pour venir s'établir dans le pays ; 2° Saint-Omer a-t-il donné cette église de la Vierge à Saint-Bertin et à ses compagnons pour leur servir de sépulture ; 3° L'Eglise fut-elle sécularisée vers 820 ? Les Bollandistes (vies de Saint-Omer et de Saint-Bertin, 2 et 8 septembre) écrivirent dans le sens de l'abbaye de Saint-Bertin : Le journal de Trévoux (oct. 1754) professa une opinion semblable ; enfin, les commissaires du Conseil, par arrêt du 8 mai 1742, adjugèrent à l'abbé de Saint-Bertin plusieurs droits honorifiques faisant l'objet du démêlé. Ce recueil est très-curieux à consulter pour l'histoire des origines de Saint-Omer ; il se compose des documents suivants :

A. Mémoire pour Messire Joseph Alphonse de Valbelle, évêque de St-Omer — Contre Dom. Benoit Petitpas, révérend abbé de S. Bertin. Vol. in 4 de 46 — 84 — 48. p. Paris. Claude Simon. 1735. Ce mémoire divisé en trois parties, est terminé par de nombreuses pièces justificatives, 135 p.

B. Mémoire sommaire pour les Doyen, Chanoines et Chapitre de l'Eglise cathédrale de St-Omer, parties intervenantes dans l'instance pendant au Conseil — Entre Messire Joseph, Alphonse de Valbellé, évêque de St-Omer — et les abbé, Prieur et religieux de l'abbaye de St Bertin. Pièce in 4⁐ de 28 p. Paris. Lottin, 1735 M⁐ Bouchaud plaidait pour l'Evêque et M⁐ Poitevin pour le chapitre.

C. Mémoire pour les Doyen, Chanoines et chapitre de l'Eglise cathédrale de S. Omer, parties intervenantes dans l'instance pendante au Conseil. — Entre Messire Joseph Alphonse de Valbelle, évêque de St-Omer et les abbé, Prieur et religieux de l'abbaye de St-Bertin. Vol. in 4⁐ de 146 — 106 p. Paris. Lottin. 1735.

D. Mémoire pour les abbé, Prieur et religieux de St-Bertin, appellans comm^e d'abus . — Contre M. L'évêque de S. Omer. Pièce in-folio de 11 p. Paris· Knapen. 1734.

E. Réponse pour M. L'abbé de St-Bertin contre l'Evêque de St-Omer à son écri intitulé : Mémoire fourni au procès-verbal, le 14 septembre 1734. Pièce in-folio de 26 p., s. l. n. d. (Knapen. 1734.)

F, Mémoire pour les abbé et religieux de St Bertin contre M. l'Evêque de St Omer et le chapitre de l'Eglise cathédrale de la même ville. Pièce in-folio de 28 p. Paris. Knapen. 1735 — Ce mémoire est suivi de pièces justificatives, notamment de la sentence rendue par le nonce en 1585, sentence appelée communément concordat.

G. Dissertation historique et critique sur l'origine et l'ancienneté de l'abbaye de S. Bertin et sur la supériorité qu'elle avait autrefois sur l'Eglise de St Omer : où l'on repond à la critique, publiée depuis quelque temps, contre les titres de cette abbaye. Par un religieux de l'abbaye de S· Bertin. Vol in 12 de 400 p. Paris. Guérin. 1737. Barbier (n° 4236.) attribue ce livre à Dom. Lêméraud et Dom. Clety. L'année suivante, Dom. Clety fit paraître un nouveau factum de 55 p. in 12 intitulé : Réponse aux observations générales publiées contre le livre intitulé : Dissertation historique et critique sur l'origine et l'ancienneté de l'abbaye de S. Berti n et c (1738.)

H. Bonnaire (de) La vérité de l'histoire de l'Eglise de S. Omer et son antériorité sur l'abbaye de St Bertin ou réfutation de la dissertation historique sur l'origine et l'ancienneté de l'abbaye de S, Bertin, imprimée par ordre de Monseigneur l'Evêque et du chapitre de l'Eglise de St Omer. Vol. in-4· de 20 — 446 p. Paris. Lebreton. 1754. On réunit à ce volume une brochure de 37 p. in-4· intitulée : Addi tion à la vérité de l'histoire de l'Eglise de St Omer dans laquelle on examine la lé- gende de St Erkembode. (Paris. Lebreton 1758.)

I. Réflexions sur un écrit intitulé : Mémoire pour les Doyen, Chanoines et Cha- pitre de l'Eglise cathédrale de St Omer, parties intervenantes dans l'instance pen- dante au Conseil entre Messire J. Alphonse de Valbelle, évêque de St Omer et les abbé, Prieur et religieux de l'abbaye de St Bertin. Pièce in-folio de 8 p., s. l. n. d.

J. Jugement des Commissaires du Conseil, nommés par le Roi qui jugent, défini- tivement et en dernier ressort, les demandes et contestations formées par M. l'Evêque, le chapitre de St Omer et les sieurs abbé, Prieur et religieux de l'ab- baye de St Bertin au sujet des droits honorifiques prétendus par le dit sieur abbé de St Bertin dans les processions générales qui se font dans la ville de St Omer. (8 mars 1742.) Pièce in-folio de 28 p, Paris. Guérin. 1742.

K. Première lettre d'un gradué de l'université de Douay, écrite à un de ses amis, habitant la ville de St Omer qui lui avait demandé son sentiment sur la vé- rité de l'histoire de l'Eglise de St Omer, etc, imprimée à Paris avec approbation et privilège du Roi. 1754 — Pièce in-4· de 8 p., s. l. n. d. Curieux détails sur le procès et l'impression qu'il fit dans le monde savant. La lettre du gradué se termine ainsi : « recevez mon compliment sur le personnage que votre ville de St Omer « fait aujourd'hui dans la république des lettres : la voila présentement devenue le « théâtre des anecdotes les plus intéressantes du pays ; elle donne un exemple et « une merveilleuse leçon à toutes nos villes circonvoisines, pour fouiller égale- « ment dans leurs archives et mettre au jour les trésors antiques qui y sont « ensevelis. »

L. Deuxième lettre d'un gradué de l'université de Douay, écrite à un de ses amis, habitant de la ville de St Omer dont l'objet tend à faire voir l'invalidité radicale du fameux condordat de 1585 passé entre l'abbaye de St Bertin et quatre prétendus députés du chapitre de l'Eglise cathédrale de St Omer. M. Six, alors évêque de St Omer présent seulement et sans aucune qualié de partie compromettante. Pièce in-4° de 14 p., s. l. n. d. — Discussion intéressante sur le concordat de 1585 que l'abbaye de St Bertin avait eu l'habileté d'obtenir du nonce du Pape et que le gradué de l'université de Douay n'hésite pas à considérer comme nul pour nombreux vices de forme et de fond. L'auteur termine, en promettant une ou deux nouvelles lettres sur le même sujet : si elles existent, elles ont, jusqu'à ce jour, échappé à nos recherches.

M. Lettre d'un confrère de Notre-Dame-des-Miracles à St Omer, écrite à un religieux de l'abbaye de St Bertin au sujet d'un livre intitulé : La vérité de l'histoire de l'Eglise de St Omer etc, imprimé à Paris. 1754 avec approbation et privilège du Roi et affiché dans la ville de St Omer le 13 juin 1754. Pièce in-8° de 16 p. s. l. n. d. — L'auteur anonyme de cette brochure prend parti pour l'Eglise cathédrale et s'appuie de l'opinion admise sur le point litigieux, cent ans auparavant, par le R. P. Martin Couvreur dans son histoire de Notre-Dame des Miracles imprimée en 1647.

255 Réponse aux observations du duc de Croy pour le Chapitre de Saint-Omer. Pièce in-folio de 8 p. Paris. Vᵉ Knapen 1740. Question de fief au sujet des terres de Varnèque et de Piquendal — Renseignements historiques intéressants.

256 Arrest du Parlement de Paris qui règle le droit et la qualité des curés dans l'administration des revenus des biens des Eglises paroissiales d'Artois (30 août 1740). Pièce in-4° de 8 p. Arras, C. Duchamp. 1741.

257 L'Adoration perpétuelle du Très-Saint-Sacrement de l'autel, établie dans tout le diocèse de Saint-Omer, en 1680. Vol. in-12 de 230 p. Saint-Omer, Fertel, 1741.

258 Lettres de garde gardienne pour les Evêque et Chapitre de Notre-Dame de Saint-Omer, régistrées au Parlement, le 29 mai 1748 et au Conseil provincial d'Artois, le 25 juin suivant. (Avril 1748). Pièce in-4° de 4 p. Paris. Desprez et Cavelier, 1748.

259 Mémoire instructif pour le Collége de Merville-sur-la-Lys, sous la protection de Monseigneur l'Illustrissime et reverendissime Evêque de Saint-Omer. Pièce in-4°. Saint-Omer (s. d.)

260 Absalon, tragédie dédiée à Mgr Joseph-Alphonse de Valbelle .... protecteur du Collège de Merville par la libéralité duquel les prix seront distribués. Sera représentée par les écoliers et pensionnaires du dit collège

le 28 août pour les dames et le 29, pour les Messieurs seulement, à une heure après-midi. Pièce in-4°. Saint-Omer, Fertel (1748 env.)

261 Mémoire signifié pour Messire P.-Fr. Fouard, prêtre, chanoine de l'Eglise cathédrale de Saint-Omer, pourvu de la prébende, dite de l'évêque de Térouanne, appellant comme d'abus — contre les sieurs Doyen, Chanoines et Chapitre de la même église intimés. Pièce in-folio de 44 p. Paris, Mesnier 1748.

262 A Nosseigneurs du Parlement en la Grand'Chambre. Vol. in-4° de 79 p. Paris, Lebreton, 1756. (Second mémoire du chanoine Fouard).

263 Mémoire important pour les Doyen, Chanoines et Chapitre de l'église collégiale de Saint-Omer intimés — contre le sieur Fouard de Grandcourt, appelant comme d'abus. — Et pour les Doyen, Chanoines et Chapitre incidemment et subsidiairement appelans comme d'abus —contre Messire Joseph-Alphonse de Valbelle, évêque de Saint-Omer, intimé. Vol. in-4° de 180 p. Paris, Lebreton (s. d.)

264 A Nosseigneurs du Parlement en la Grand'Chambre. Pièce in-4° de 16 p. Paris. Lebreton. 1758.

265 Précis pour le Chapitre de l'Eglise de Saint-Omer — contre les héritiers du sieur de Grandcourt, chanoine mineur de la dite église— et le sieur de Bertrandy, successeur médiat du sieur de Grandcourt dans son canonicat Pièce in-4° de 24 p. Paris. Lebreton, 1759.

266 Sommaire pour les héritiers du sieur Fouard de Grandcourt, chanoine de l'église de Saint-Omer — contre le chapitre de la dite église. Pièce in-folio de 14 p. Paris, Gissey, 1759.

267 Arrest de la Cour de Parlement, rendu en faveur des doyen, chanoines et chapitre de Saint-Omer contre les héritiers et représentants du sieur Fouard de Grandcourt, chanoine, prébendé mineur de la dite église (19 mai 1759). Pièce in-4° de 30 p. Paris, Lebreton, 1759. Ce procès était par lui-même peu important : il s'agissait d'une prébende mineure que M. Fouard voulait faire considérer comme un canonicat majeur, quant aux prérogatives et aux revenus. Mais la discussion s'engagea à ce sujet sur une question importante de l'histoire du Chapitre et M. Fouard, pour appuver ses prétentions soutint, entr'autres faits, que le chapitre de Saint-Omer avait été sécu-

arisé par Frédogise. De là une discussion très intéressante sur l'origine et le développement du chapitre de l'église de Saint-Omer.

268 Lettre de XXX sur un écrit intitulé : Dissertation sur la prétendue sécularisation de l'Eglise de Saint-Omer et la prétendue fixation du nombre des chanoines à trente, imprimée à la suite du Mémoire du chapitre de Saint-Omer contre M. Fouard de Grandcourt, chanoine de la même Eglise. Pièce in-8° s. l. n. d. Le titre de cet opuscule en fait connaître l'esprit : il est attribué à un moine de Saint-Bertin — du reste ce plaidoyer ne resta pas sans réponse et parut bientôt après le mémoire suivant :

269 Lettre de Monsieur XXX, amateur de la Société littéraire de la ville d'Arras, à Monsieur XXX membre de l'Assemblée littéraire de la ville de Saint-Omer (1er avril 1750). Pièce in-8° de 16 p. s. l. n. d. L'auteur conclut en faveur de l'église de Saint-Omer. Cet opuscule est curieux et il nous apprend qu'il existait en ce temps-là une Société littéraire à Saint-Omer.

270 Réflexions sur le troisième mémoire publié par le sieur de Grandcourt le 4 mars 1755. Pièce in-4° de 12 p. s. l. n. d. Suite des réflexions faites au sujet du troisième mémoire que le sieur Grandcourt avait distribué dans la ville de Saint-Omer contre Messieurs du chapitre de la cathédrale. Amicus. Plato, Amicus Aristotelis, sed magis amica veritas. Pièce in-4° de 16 p. s. l. n. d. L'auteur annonce en finissant, qu'il publiera, peut-être, un nouveau factum sur la même question : mais nous avons lieu de supposer qu'il n'a pas donné suite à ce projet.

271 Précis pour MM. les Doyen et Chanoines de l'Eglise cathédrale de Saint-Omer défendeurs et intimés. — Contre M. P. Michiels, curé de la paroisse de Brouckerque, demandeur et appelant de la sentence rendue au Présidial de Bailleul le 24 du mois de mars 1751, pardevant nos seigneurs, de la Cour du Parlement. Pièce in-folio de 13 p., s. l. n, d. (Sur la dîme de la paroisse de Brouckerque).

272 Bulle et Jubilé universel et Mandement de Mgr l'Evêque de Saint-Omer (25 mars 1759). Pièce in-4° de 14 pages. Saint-Omer, Fertel, 1759.

273 A Nosseigneurs de Parlement en la Grand'chambre supplient humblement les Doyen, Chanoines et Chapitre de l'Eglise cathédrale de Saint-Omer. — Contre les sieurs François Sébastien Larcenez, Martin Wanwes-

Knisen, J. Joseph Cochet et François Lourdault, Vicaires et bénéficiers de la dite Eglise. Pièce in-4° de 27 p. Paris. Lebreton. 1760. (Discussion sur les droits respectifs des Vicaires et du chapitre.)

274 Vers sur l'avénement de Monseigneur de Montlouet, évêque de Saint-Omer, par un éclésiastique de Saint-Omer, et R. F. D. P. Pièce in-4° de 8 p. (s. l. n. d.)

275 Catéchisme du diocèse de Saint-Omer, imprimé par ordre de Monseigneur Joseph Alphonse de Valbelle de Tourves et réimprimé par celui de Monseigneur François Joseph de Brunes de Montlouet, Evêque de Saint-Omer, pour être le dit catéchisme seul enseigné dans son diocèse. Vol in-24. Saint-Omer. Fertel. 1764. Ce catéchisme a été traduit et imprimé en langue flamande, la même année, chez Fertel, Vol in-24 de 177 p.

276 Mandement de Monseigneur l'illustrissime et révérendissime évêque de Saint-Omer, en prenant le gouvernement de son diocèse. Pièce in-4° de 7 p. Saint-Omer. F. D. Fertel. 1766.

277 Poëme aux très nobles et vertueux de Conziè, très dignes évêques d'Arras et de Saint-Omer au jour de la possession de leurs évêchés par P. F. J. D***, natif de Saint-Omer. Pièce in-4° de 19 p. Douai. V. Leclercq. 1769.

278 Mandement de Monseigneur l'Evêque de Saint-Omer, pour le soulagement des pauvres de cette ville. Pièce in-4° de 4 p.

279 Ordonnance de Monseigneur l'Evêque de Saint-Omer qui défend d'exposer le Saint-Sacrement sur des autels parés de noir, de donner les bénédictions avec le saint ciboire ou autrement, à l'issue des messes d'enterrement et de célébrer des services ou messes de mort, même en présence du corps, en certains jours de grande solennité. Pièce in-4° de 3 p. Saint-Omer. Fertel. 1770.

280 Decret de Monseigneur Joachim, François Mamert de Conzié, Evêque de Saint-Omer, portant suppression des Vicairies, Ecoteries et de plusieurs chapelles de l'Eglise cathédrale de Saint-Omer, avec érection de douze nouveaux bénéfices en la dite Eglise. (10 Juin 1770.) Pièce in-4° de 47 p. Saint-Omer. Boubers. 1774.

281 Mandement de Monseigneur l'Evêque de Saint-Omer qui ordonne des prières publiques pour le repos de l'âme du feu Roi. (25 mai 1774). Pièce in-

4º de 10 p. s, l. n. d. .— Le Mandement est suivi de la lettre de Louis XVI qui notifie à l'évêque la mort de son prédécesseur.

282 Consultation pour les abbé, grand prieur et religieux de l'Abbaye de Saint-Bertin et les grand prieur et religieux de l'Abbaye de Saint-Vaast défendeurs. — Contre MM. les Evêques d'Arras et de Saint-Omer, demandeurs en cassation. Piéce in-4º. Arras.1768.

283 Mémoire à consulter et consultation pour les Abbayes et autres maisons religieuses de la Province d'Artois au sujet des Edits du mois de mars 1768 et du mois de fevrier 1773, concernant les réguliers. vol in-4º de 7 p. Paris. Brunet. 1773.

284 Déclaration du Roi concernant les monastéres situés en Flandre et en Artois (17 décembre 1774).Pièce in-4º de 12 p. Saint-Omer.Boubers.1775. Ce réglement a été également imprimé à Douai chez Villerval. Pièce in-4º 1775.

285 Consultation sur l'agrégation des abbayes de Saint-Vaast et de Saint-Bertin à la congrégation de Cluny. Piéce in-4º de 44 p. Paris. Knapen. 1776. Il s'agissait de savoir si les Evêques d'Arras et de Saint-Omer pouvaient s'opposer à l'agrégation des deux abbayes à leur chef d'ordre.

286 Observation sur le projet d'agrégation des abbayes de Saint-Vaast et de Saint-Bertin à l'ordre de Cluny. Pièce in-4º de 4 p. Paris. Knapen. 1775.

287 Précis sur l'agrégation des abbayes de Saint-Vaast et de Saint-Bertin à la congrégation de Cluny. Pièce in-4º de 9 p.Paris. Knapen, 1776. Le mémoire est signé par M. Courbeville, avocat.

288 Précis pour les abbayes de Saint-Vaast et de Saint-Bertin contre Messieurs les Evêques d'Arras et de Saint-Omer Pièce in-4º de 8 p. Paris. Vᵉ Ballard 1778.

289 Mémoire contre l'agrégation projettée des abbayes de Saint-Vaast d'Arras et de Saint-Bertin en la dite ville de Saint-Omer, ordre de Saint-Benoit, à la congrégation de Cluny. Pièce in-4º de 34 p. Paris. Knapen, 1777.

290 Précis pour MM. les Evêques d'Arras et de Saint-Omer, contre les abbayes de Saint Vaast à Arras et de Saint-Bertin, à Saint-Omer. Pièce in-4º de 28 p. Paris. Simon. 1778.

291 Observations pour MM. les Evêques d'Arras et de Saint-Omer, sur les titres de l'exemption prétendue par les abbayes de Saint-Vaast et de Saint-Bertin et sur la position respective des parties. Pièce in 4° de 27-8 p. Paris, Cellot, 1778.

292 Nouvelles Observations pour MM. les Evêques d'Arras et de Saint-Omer sur le véritable état de la cause, sur la nécessité de produire un titre pour établir une exemption et sur les dispositions du Concile de Trente. Pièce in-4° de 23 p. Paris, Cellot, 1778.

293 Mémoire pour les Abbés, Grands Prieurs et Religieux des abbayes de Saint-Vaast d'Arras et de Saint-Bertin, de Saint-Omer intimés, défendeurs et demandeurs. — Contre M. l'Evêque d'Arras, appelant comme d'abus et demandeur, et contre M. l'Evêque de Saint-Omer, demandeur et défendeur. Pièce in-4° de 91 p. Paris, Vᵉ Ballard, 1778.

294 Lettres patentes du Roi, interprétatives de celles du mois de mai 1775, données sur le décret d'agrégation des abbayes de Saint-Vaast d'Arras et de Saint-Bertin de Saint-Omer à l'ordre de Cluny, en ce qui concerne les droits et privilèges des habitans, relativement aux lettres de *Committimus*. Pièce in-4° de 8 p. Paris, Imp. Royale, 1778.

295 Consultation pour les Abbé, Grand'Prieur et Religieux de l'abbaye de Saint-Bertin — et les Grand Prieur et Religieux de l'abbaye de Saint-Vaast défendeurs ; contre MM. les Evêques d'Arras et de Saint-Omer, demandeurs en cassation. Pièce in-4° de 59 p. Paris, Chardon, 1782.

296 Récapitulation sommaire des assertions contenues dans les défenses de MM. les Evêques d'Arras et de Saint-Omer et des réponses des abbayes de Saint-Vaast et de Saint-Bertin. Pièce in-4° de 28 pages. Paris, Knapen, 1785.

297 Précis pour les abbayes de Saint-Vaast d'Arras et de Saint-Bertin de Saint-Omer, ci-devant de la congrégation des exempts de Flandre, aujourd'hui réunies à l'ordre de Cluny en vertu des édits de 1768 et 1773. — Contre MM. les Evêques d'Arras et de Saint-Omer. Pièce in-4° de 14 p. Paris, Cellot, 1785.

298 Vers adressés à Mgr de Puységur, nommé à l'Evêché de Saint-Omer, par M. B. (Bachelet). Pièce in-4° de 3 p. Saint-Omer, Boubers, 1775.

299 Eglogue à Mgr l'illustrissime et réverendissime de Chastenet de Puységur, à son avénement au siége épiscopal de Saint-Omer. Pièce in-4° de 4 p. Saint-Omer, Boubers, 1775.

300 Mandement pour le Carême de l'année 1775. Pièce in-4° de 4 p. Saint-Omer, Fertel, 1775.

301 Instructions et Prières pour le Jubilé universel, célébré à Rome en 1775, accordé à toute l'église catholique par N. S. P. le Pape Pie VI, imprimées par ordre de Monseigneur l'évêque de Saint-Omer. Pièce in-12 de 23 p. Saint-Omer, Fertel, 1776.

302 Bulle d'extension du Jubilé universel, célébré à Rome en 1775, avec le Mandement de Mgr l'Evêque de Saint-Omer (10 mai 1776). Pièce in-4° de 20 p. Saint-Omer, Fertel, 1776.

303 Consultation pour Me J.-B. Depape, prêtre du diocèse de Saint-Omer, gradué nommé de l'Université de Paris, pourvu de la cure de Chocques-lez-Béthune, défendeur en complainte et demandeur. — Contre Me Alexis Delehelle, prêtre du diocèse de Boulogne, gradué nommé de la même Université et bénéficier en l'Eglise collégiale de Lillers, prétendant droit à la même cure (signée : Delys). Pièce in-4° de 31 p. Arras, M. Nicolas, 1778. Curieux détails sur l'expectative des gradués et sur la nature des titres des bénéfices.

304 Consultation pour M. L.-Alexis Delehelle, prêtre du diocèse de Boulogne, etc. — Contre M. J.-Baptiste Depape, prêtre du diocèse de Saint-Omer, etc. Pièce in-4° de 16 p. Arras, G. de la Sablonnière, 1778.

305 Ordo divini officii juxta Breviarium ac missale Romanum pro anno Domini 1779, de mandato illustrissimi et reverendissimi Domini D. Alexandri Josephi Mariæ Alexii de Bruyères Chalabres, Audomarensium Episcopi, ad usum Ecclesiæ cathedralis et totius diœcœsis S. Audomari. Pièce in-8° de 39 p. Audomari. V. Fertel, 1779. Il existe un livret semblable pour l'année 1781.

306 Plaidoyer pour J.-Fr. Lepestre, ménager, demeurant en la ville de Lillers, demandeur en nullité de mariage. Pièce in-4° de 4 p., s. l. n. d. L'auteur de ce factum est l'avocat Liborel.

307 Mandement de Monseigneur l'évêque de Saint-Omer pour permettre

l'usage des œufs pendant le carême. Pièce in-4° de 8 p. Saint-Omer, 1781.
Ce Mandement de M. de Chalabres fit sensation dans le monde catholique ; il
reçut l'approbation du journal intitulé : *Nouvelles Ecclesiastiques* n° du
11 sept. 1781.

308 Lettres pastorales sur les Etudes ecclésiastiques. Pièce in-4° de 35 p.
Cette lettre est suivie d'un règlement pour les conférences ecclésiastiques du
diocèse pour l'année 1781.

309 Mandement de Monseigneur l'Evêque de Saint-Omer qui ordonne que
le *Te Deum* sera chanté dans toutes les Eglises de son diocèse en actions de
grâces du rétablissement de la paix. Pièce in-4° de 7 p.Saint-Omer, V° Fertel.
1783. Le Traité de Versailles (3 sept. 1783) venait d'être signé.

310 Matières des Conférences ecclésiastiques ordonnées par M. l'évêque de
Saint-Omer pour l'année 1784. Pièce in-4°, s. l. n. d.

311 Mémoire pour les Ministres et Chanoines réguliers de l'ordre de la
Très-Sainte Trinité et Rédemption des captifs de la Maison du Clair-Vivier,
lez-la-ville d'Hondschoote. — Contre les abbé et religieux de l'abbaye de
Saint-Jean-au-Mont en la ville d'Ypres et les archidiacres et chanoines gradués de l'Eglise cathédrale de la ville de Saint-Omer, demandeurs et intimés
d'autre part. Pièce in-4° de 52 p. Douay, Derbaix. (Questions de dîme).

312 Graduale Parisiense illustrisimi et Reverendissimi in Christo patris
D. D, Alexandri, Josephi, Mariœ, Alexis de Bruyères Chalabres, Audomarensis Episcopi, Serenissimi principis. Vol. in-4°. 1786.

313 Mandement de Monseigneur l'évêque de Saint-Omer pour le carême
de l'année 1789. (20 janvier 1789). Pièce in-4° de 28 p. Saint-Omer, V° Fertel
1789.

314 Lettre du Roi à Monseigneur l'Evêque de Saint-Omer (Versailles 3 sept.
1789). Suivie du Mandement de l'Evêque de Saint-Omer au sujet de
la lettre précédente. Pièce in-4° de 8 p. Saint-Omer. V° Fertel. (1789). La
lettre du Roi est relative aux troubles qui ont éclaté dans le royaume et le
mandement de l'évêque ordonne des prières.

315 Lettre du Curé de Saint-Jacques de Lyon au curé de Saint-Jean de
Saint-Omer sur la théologie de Lyon, ou suite des observations sur un livre
intitulé : *Institutiones Theologicœ*. Vol. in-12 de 135 p. Liège, Tutot, 1790.

La théologie de Lyon avait été introduite au séminaire de Saint-Omer, L'auteur anonyme en discute les doctrines et les accuse de tendances jansé nistes.

316 Jugement du Bailliage royal de Saint-Omer (27 avril 1790). Pièce in-4° de 8 p. Saint-Omer. H. F. Boubers (1790). Condamnation de deux brochures qui intéressent l'histoire révolutionnaire de la province. Le Bailliage supprime une lettre pastorale et la fameuse brochure intitulée : *Le Réveil de l'Artois.*

317 Délibération prise par le Conseil général de la commune de Saint-Omer. Décret de l'Assemblée Nationale et lettre de son président adressée aux officiers municipaux de la dite ville. Pièce in-4°, s. l. n. d Le titre de ce recueil ne le fait pas assez connaître. Il commence par une délibération des citoyens catholiques d'Alais, communiquée au chapitre de Saint-Omer et qui demandent à l'Assemblée Nationale de ne rien innover dans la constitution religieuse du pays. Suivent deux pièces émanées du chapitre et adressées au bureau de la commune de Saint-Omer et au Conseil de la garde nationale par lesquelles le chapitre appelle l'attention publique sur la démarche des Alaisiens. La commune de Saint-Omer, le 23 avril 1790, délibère sur cet objet elle donne l'approbation la plus complète aux décrets et aux projets de l'Assemblée nationale: à la séance du 29 avril l'Assemblée nationale à son tour loue le patriotisme éclairé des Audomarois. Après la partie du procès-verbal de la séance relative à cet incident on trouve en plus une lettre du président de l'Assemblée qui félicite les officiers municipaux de Saint-Omer. Enfin ce recueil est terminé par *la réponse de MM. les Officiers municipaux de la ville de Saint-Omer au sujet de la délibération prise le vingt-trois avril par le Conseil général de la commune de cette ville.* Les officiers muni. cipaux d'Alais partagent l'opinion des Audomarois ; ils protestent aussi contre la délibération prise par leurs concitoyens, se qualifiant les catholiques d'Alais. En résumé, de ce recueil il résulte que le chapitre de Saint-Omer a voulu engager la commune à réclamer contre les projets de l'Assemblée nationale sur les matières ecclésiastiques et que la commune a manifesté une tendance toute contraire.

318 Discours adressé par M. le président de l'Assemblée électorale du département du Pas-de-Calais à M. Porion, après sa nomination à l'évêché de ce département (29 mars 1791). Pièce in-4° de 2 p.. s. l. n. d.

319 Discours prononcé à l'Assemblée électorale dn département du Pas-de-

Calais, au nom de la garde nationale d'Arras, par M. Maniez l'un des commissaires. Pièce in-4° de 3 p., s. l. n. d.

320 Discours prononcé par M. Porion, évêque du département du Pas-de-Calais, avant la prestation de son serment, le 17 avril, jour de son installation, dans l'église cathédrale de Saint-Omer. Pièce in-4° de 7 p. Saint-Omer, H.-F. Boubers. On trouve à la suite : Discours du maire de la ville de Saint-Omer, après la prestation du serment par M. l'Evêque du département du Pas-de-Calais.

321 Sermon sur l'accord de la Constitution française avec la religion, pour la fête de Jésus enseignant, prononcé le 16 janvier 1791, dans l'Eglise du collége de St-Omer, par François Detorcy, prêtre de la doctrine chrétienne, recteur de ce collége. Pièce in 8° de 44 p. St-Omer Fertel, 1791.

322 Lettre pastorale de M. l'Évêque de St-Omer (1 février 1791). pièce in 4° de 11 p. Paris (1791) Mgr de Bruyères Chalabres, retiré à Milan, adresse à ses diocésains ses recommandations pour les retenir sous les lois de l'Eglise et il adhère à *l'exposition des principes sur la constitution du clergé par les évêques, députés à l'assemblée nationale.*

323 Jugement du tribunal du district de St Omer qui ordonne qu'un imprimé intitulé: « *Avertissement de M. L'Évêque de St Omer au sujet des élections faites par MM. les Electeurs des départements du Pas-de-Calais et du Nord de M. Pierre Joseph Porion, curé de St Nicolas sur les fossés de la Ville d'Arras, en qualité d'évêque du département du Pas-de-Calais et de Cl. Marie Primat curé de la paroisse St Jacques de la Ville de Douay, en qualité d'évêque du département du Nord*: sera lacéré et brulé par l'éxécuteur de la haute justice (28 avril 1791.) Piéce in-4° de 8 p. St Omer. Boubers (1791.)

324 Arrété du directoire du département du Pas-de-Calais (séance du 29 avril 1791.) Piéce in 4° de 3 p. Arras. Vicogne. 1791. Signale un écrit de M de Conzié, daté de Tournay du 20 avril 1791 et ayant pour titre: Déclaration et ordonnance de M. L'Evéque d'Arras au sujet des élections faites par MM. les Electeurs des départements du Nord et du Pas-de-Calais de M. Primat, en qualité d'évêque du département du Nord et de M. Porion, en qualité d'évêque du département du Pas-de-Calais, etc etc. Le directoire dénonce cet écrit à tous les Tribunaux du département.

325 Lettre pastorale de M. l'Evèque du département du Pas-de-Calais. Piéce

in-4 de 16 p. Boulogne. Dolet, 1791. — Autre édition: Saint Omer. Fertel.
1791. — Les amis de la constitution de Saint Omer la publièrent aussi dans
le format in-8°.

326 Jugement du Tribunal de Saint-Omer du 28 mai 1791, ordonnant la
lacération par l'exécuteur des œuvres de justice d'une ordonnance de l'Evêque de Saint-Omer au sujet des élections faites par les électeurs du Pas-de-
Calais et du Nord des sieurs *Porion* et *Primat*, en qualité d'évêques constitu-
tionnels de ces deux départements. Piéce in-4° de 8 p. Saint-Omer, Boubers. 1791.

327 Proclamation de MM. les curés du district de Saint-Omer, faite par M C
M. Carnot, président de l'assembée électorale, suivie du discours de M. L'Evêque du département du Pas-de-Calais, avant la célébration de la Messe. (1 Juin
1791.) Piéce in-4° de 8 p. Saint-Omer, Fertel (1791.)

328 Lettre pastorale sur l'uniformité à établir dans l'office divin. Pièce in-4°
Saint-Omer. 1791)

329 Discours sur l'obéissance due à la loi,, prononcé le 2 février 1792,
dans l'église cathédrale de Saint-Omer, par F. Saupique, Vicaire épiscopal,
Pièce in-8°. Saint-Omer. Boubers 1792.

330 Lettre d'un prêtre catholique à M. Porion, se disant évêque du Pas-de-
Calais (18 février 1792.) Piéce in-8° de 28 p. s. l. n. d. (Signée : Alethophile,
prêtre catholique.)

331 Lettre pastorale et ordonnance de Monseigneur l'Evêque de Saint-
Omer pour la publication et l'exécution du bref monitorial de N. S. père le
Pape du 19 mars 1792. (soblentz, 25 Juin 1792.) Pièce in-8° de 7 p. C. l. n. d.

332 Préservatif pour ma famille contre les dangers du schisme. Pièce
in-8° Paris. Laurens. 1792. (réponse de l'abbé Proyart aux mandements de
Porion.)

§ 3. — EGLISE CATHÉDRALE. PAROISSES. CHAPELLES.

I. — PAROISSE DE NOTRE-DAME

333 Quenson. Notre Dame de St- Omer ou recherches sur cette Eglise, contenant un aperçu de son histoire, de ses monuments et ses débats surtout avec l'abbaye de St-Bertin, autour de la chasse de son patron, suivi de notes, explications et développements de texte. Vol in 8° de 117p. Douai, Wagrez ainé (s. d)

334 Hermand. (alex.) Epoques de construction des diverses parties de l'Eglise de Notre Dame à Saint Omer. Vol. in 8° de 55 p. St-Omer. Chanvin. 1859. Ouvrage posthume publié par les soins de son fils ainé, M. Octave Hermand.

335 Hermand. (alex.) Notice sur l'ancienne cathédrale de Saint-Omer. Pièce in. 4° de 12 p. et 3 pl. Arras.Tierny. 1859.(Tiré à part du 1° Vol. de la statistique monumentale du Pas-de-Calais.)

336 Legrand (albert.) Réjouissance des écoliers de Notre-Dame, le jour de St- Nicolas, leur glorieux patron. (6 décembre 1417.) Pièce in 8° de 42 p. St- Omer. Chanvin. 1847.(Se trouve aussi dans les mémoires de la Morinie. T. 7.)

337 Wallet (Emmanuel.) Description du pavé de l'ancienne cathédrale de Saint-Omer, consistant en dalles gravées et incrustées de mastic de couleurs variées, suivie de la description de deux autres pavés de carreaux de terre cuite vernissés, découverts, l'un aux archives de l'ancienne cathédrale en 1838, l'autre lors des fouilles faites à l'Eglise Saint Bertin en 1843. Vol. in 4° de 148 p. et un atlas de 10 feuilles. St-Omer. Tumerel. 1847.

338 Hermand (A.) Notice historique et archéologique sur les dalles sculptécs qui servaient de pavé dans l'église de Notre-Dame, ancienne cathédrale de Saint-Omer. Vol in 8º de 87 p. et deux planches. Saint-Omer. Chanvin. 1855. (cette notice est insérée dans les mémoires des ant. de la Morinie t. v. p. 77.)

339 DESCHAMPS DE PAS. (L.) Essai sur le pavage des Eglises antérieurement au XVᵉ siècle. Vol in-4º de 49 p. Paris. V. Didron. 1851. cinq belles planches reproduisent le pavage de l'Eglise de Saint-Omer et ce travail contient en outre de nombreux renseignements sur cette cathédrale.

340 EUDES. Dissertation sur le tombeau de Saint-Omer (mémoires de antiq. de la Morinie T. 3.)

341 PIERS, Le tombeau de Saint-Omer. (Mémoires des anti. de la Morinie. t. 3. p. 159.)

342 La confrérie de la Miséricorde envers les âmes du Purgatoire érigée en l'Eglise paroissiale de Notre-Dame à Saint-Omer. Pièce in-18º de 16 p. Saint-Omer. Fertel s. d.

343 Livret d'agrégation de l'association du Sacré Cœur, érigée dans l'Eglise de Notre-Dame à Saint-Omer et affiliée à la grande confrérie du même nom établie à Rome, dans l'Eglise de Sainte-Marie *in capella*. Vol in-18 de 18 p. Saint-Omer. Chanvin (vers 1820.)

344 Loterie pour la restauration des grandes orgues de l'ancienne Eglise cathédrale de Notre-Dame. Notice historique. Pièce in 8º de 8 p. Saint-Omer, F. Lemaire (1850.)

345 Isolement et restauration de l'Eglise Notre-Dame de Saint-Omer. Relation de la cérémonie de la bénédiction et de la pose de la première pierre de la chapelle absidale, placée dans l'axe du chevet de l'Eglise, le 20 Septembre 1868. Pièce in 8º de 11 p. Saint-Omer. Guermonprez. 1858.

346 COUVREUR (P. Martin.) histoire de Nostre dame des Miracles à Sainct-Omer.) Vol in-12 de 14 p. limin. et 176 p. et une gravure. Saint-Omer. vefve ch. Boscart. 1647. On lit sur le titre, dans un écusson ; cette histoire contient, « le commencement de la religion chrétienne en ces quartiers et son pro- « grés sans interruption iusques à la délivrance de la ville du siège dernier « l'an 1638, par le culte et l'intercession de la B. V. Marie, mère de Dieu. » On trouve en effet à la fin du livre le vœu fait par le magistrat de Saint-Omer

qui s'engage à assister à une procession ·solennelle à chaque anniversaire de la délivrance de la ville, à entendre une messe d'actions de grâce, y communier et offrir trois cierges blancs qui devront etre brûlés devant l'image de Notre-Dame de la chapelle du marché, le corps de Saint-Omer et celui de Saint-Bertin. Ce livre étant d'une grande rareté, il a été réimprimé en 1859 par les soins de M. l'abbé Robitaille, chanoine d'Arras, Vol. in-12. Arras. Rousseau Leroy. 1859.

347 Les six premiers chapitres de l'histoire de Notre-Dame des Miracles, honorée en sa chapelle, bâtie sur le grand marché de la cité de Saint Omer, par Martin Couvreur. Vol. in-8° de 48 p. Saint-Omer. Fertel. 1779.

348 Petite histoire du pélerinage de Notre-Dame des Miracles. Manuel de dévotion pour la neuvaine en son honneur Vol. in-18 de 72 p. Saint-Omer. Guermonprez (S. d)

349 Livret de la confrérie de Notre-Dame des Miracles, établie dans la ville de Saint-Omer. Pièce in-8° de 23 p. Saint-Omer. Fertel (1819.)

350 Manuel de la confrérie de Notre-Dame des Miracles et de la congrégation des filles, établie dans la cathédrale de Saint-Omer. Vol. in-32 de 64 p. Saint-Omer. J. Lemaire. 1859.

351 Cantiques à Notre-Dame des Miracles. Pièce in-12 de 20 p. Saint-Omer. Lagache. 1861.

352 Compte rendu des Pélérinages de Notre-Dame des Miracles de l'Eglise cathédrale de Saint-Omer. Pièce in-12 de 25 p. Saint-Omer. Lemaire. 1860. Une semblable publication a rendu compte des Pélerinages de 1862.

353 Lesage. (L'abbé.) Pélerinage à Notre-Dame des Miracles à Saint-Omer, poésie. Pièce in-8° de 24 p. Saint-Omer, J. Lemaire 1863.

354 Bloême (abbé) Stances diverses à Notre-Dame, mises en musique par MM. Catouillard, Dupont, Sannier. Pièce in-8° de 15 p. Saint-Omer. J. Lemaire. 1863.

355 Lesage (Abbé) Pélerinage de la ville de Calais à Notre Dame des Miracles à Saint-Omer. Pièce in-8° de 7 p. Saint-Omer. J. Lemaire. 1864.

356 Pélerinage de Notre-Dame des Miracles de Saint-Omer. (Juillet 1871. pièce in-8° de 8 p. (S. l. n. d.).

357 Féte du couronnement de Notre-Dame des Miracles, patronne de Saint-Omer. Programme du pélérinage national et de la procession solennelle du 18 Juillet 1875. Pièce in-8°. de 4 p. Saint-Omer. Devey. 1875.

358 Faveur obtenue par l'intercession de Notre-Dame des Miracles à Saint-Omer, le 9 Janvier 1875. Pièce in-8° de 7 p. Saint-Omer. Devey. (1875.)

359 Une page d'histoire locale, à propos du couronnement de Notre-Dame des Miracles (18 Juillet 1875.). Pièce in-12 de 15 p. Saint-Omer. Fleury-Lemaire. 1875.

360 WALLET-DE-VIRIVILLE. Fssai sur les archives historiques du chapitre de l'Eglise cathédrale de Notre-Dame à Saint-Omer (Pas-de-Calais.) suivi du rapport au Ministre de l'instruction publique sur ces archives. Vol. in-8° de 87 p. Saint-Omer, Chanvin. 1845.

2. — PAROISSE DE SAINTE-MARGUERITE.

361 Exercices journaliers pour la dévotion particulière des confrères et consœurs de l'archi-confrérie de la T. S. Trinité de la rédemption des captifs, érigée en l'église paroissiale de Sainte Marguerite à Saint-Omer, ensemble ses amples grâces et indulgences. Vol. in-18 de 333 p. Saint-Omer. Th. Guebels. 1666. Ce livret a été réimprimé plusieurs fois, notamment en 1764 et 1789.

362 Petit abrégé contenant 1° les motifs pour exciter un chacun à se faire enregistrer dans l'illustre confrérie de Notre-Dame de Charité, érigée et établie par Mgr l'Evêque de Saint-Omer dans l'église paroissiale de Sainte Marguerite (2ᵉ édition). Vol. in-12 de 48 p. Saint-Omer. Carlier, 1693.

363 Mémoire pour les abbé, grand prieur et religieux de l'abbaye de Saint-Bertin contre M. Jacques-Joseph Sockel, prêtre, curé de la paroisse de Sainte Marguerite en la ville de Saint-Omer. Pièce in-4° de 21 p. Arras. M. Nicolas (1691) — sur la portion congrue du curé.

364 Statuts et indulgences octroyées par le Saint Siège apostolique à la confrérie du Saint-Viatique, érigée en l'église paroissiale de Sainte Marguerite en la ville de Saint-Omer, rétablie dans l'église succursale de Sainte Elisabeth du Haut-Pont, faubourg et commune dudit Saint-Omer. Vol. in-18. Fertel, 1806.

3. — PAROISSE DE SAINTE-ALDEGONDE.

365 Statuts et règlement des confrères et consœurs de la confrèrie de Saint Léonard, érigée en l'église paroissiale de Sainte Aldegonde avec un abrégé de la vie de Saint Léonard. Vol. in-8° de 88 p. Saint-Omer. Boubers, 1784. Ce manuel a été réimprimé en 1837 et en 1866.

366 Confrérie de l'adoration quotidienne du Très Saint Sacrement de l'autel et la société du Saint Viatique canoniquement établies en l'église paroissiale de Sainte Aldegonde dans la ville de Saint-Omer, par Mgr François de Valbelle de Tourves, révérendissimme évêque de Saint-Omer, le 14 mars 1714. Vol. in-12 de 201 p. Saint-Omer (Dom Fertel. 1716).

4. — PAROISSE DU SAINT-SÉPULCRE.

367 Origine de la confrérie de Saint-Roch, canoniquement érigée en l'église paroissiale du Saint-Sépulcre à Saint-Omer, l'an 1493, avec les indul gences, devoirs et œuvres de piété que peuvent faire ceux de ladite confrérie-Vol in-18 de 36 p. Saint-Omer. Fertel, 1768. Une nouvelle édition de ce manuel a été publiée en 1834. Piéce in-18 de 36 p. Calais. Le Roy (s. d.)

368 Exercices spirituels de la confrérie sous le titre de N. S. J. C. flagellé, érigée en l'église paroissiale du Saint-Sépulcre en la ville de Saint-Omer. Vol. in-18 de 36 p. Saint-Omer. Boubers. 1779. Une nouvelle édition a été publiée en 1858. Vol. in-18 de 36 p. Arras. Brissy.

369 Livret de la confrérie du Saint Sacrement ou du Saint-Viatique de la paroisse du Saint-Sépulcre de Saint-Omer. Vol. in-18 de 44 p. Saint-Omer. Guermonprez. 1863.

370 Offices propres de fondation ou d'usage de l'église paroissiale du Saint-Sépulcre en la ville de Saint-Omer, présentés aux paroissiens par les clercs de la même paroisse. 2 vol. in 12. Saint-Omer. Boubers, 1770.

5. — PAROISSE DE SAINT-DENIS.

371 DESCHAMPS (Louis). Notice sur l'église paroissiale de Saint-Denis à Saint-Omer (Memoires des antiq. de la Morinie T. V.)

372 DESCHAMPS DE PAS. L'église de Saint-Denis. Notice. Pièce in-12 de 35 p. Saint-Omer. Guermonprez, 1869.

373 DESCHAMPS DE PAS ET DE LINAS. Tour et église Saint-Denis à Saint Omer. Pièce in-4° de 4 p. et 1 planche, Arras. Tierny, 1859. Tiré à part du 1ᵉʳ vol. de la statisque monumentale du Pas-de-Calais.

374 A Monseigneur Alex. J. M. de Bruyères Chalabres, illus, et rever. évêque de Saint-Omer, remontrent très-humblement MM. les curés et Marguilliers de l'église paroissiale de Saint-Denis en la ville de Saint-Omer, etc. Pièce in-4° de 20 p. Saint-Omer, Boubers, 1779. La paroisse de Saint-Denis soulève contre celle du Sain!-Sépulcre un débat sur les limites des deux paroisses. A cette occasion, Mᵉ Legrand de Castelle, avocat, entreprend l'élucubration de quelques difficultés historiques. On remarque, entr'autres dans ce mémoire, un paragraphe relatif à Suger : « Ce grand ministre était fils d'Etienne Suger et de Catherine Legrand, frère d'Alcuin, évêque d'Arras en 1131. »

375 Livret d'aggrégation à la Confrérie de Notre-Dame du Rosaire, établie dans l'église paroissiale de Saint-Denis. Vol. in-18 de 19 p. Saint-Omer, Chanvin (s. d.) L'approbation de l'évêque d'Arras porte la date de 1804.

§ 4. — HOPITAUX. HOSPICES

376 DESCHAMPS DE PAS. Recherches historiques sur les établissements hospitaliers de la ville de Saint-Omer depuis leur origine jusqu'à leur réunion en une seule et même administration en l'an V. (1798.) Vol. in-8, Saint-Omer. Tumerel, 1877.

377 Etablissement d'un hôpital général en la ville de Saint-Omer. (Février 1702.) Pièce in-4° de 28 p. s. l. n. d. Outre l'ordonnance royale, cette brochure comprend son enregistrement au parlement de Paris et différens annexes. L'ordonnance disposait que toutes les aumônes de fondation dont les chapitres et abbayes étaient chargés envers les pauvres, appartiendraient à l'hôpital. Cette décision fut difficile à exécuter : en 1704, l'abbaye de Saint-Bertin affirmait devant le conseil d'Artois qu'elle ne possédait aucune aumône de fondation ; mais l'évêque de Saint-Omer, patron de l'hôpital, ne se tint pas pour satisfait et il en appela de concert avec les administrateurs. Ce procès donna lieu aux mémoires suivants :

378 Factum pour les abbé et religieux de l'abbaye de Saint-Bertin intimez, Contre les sieurs administrateurs de l'hôpital de Saint-Omer appelans. (M° le Barbier avocat.) Pièce in-folio de 30 p. s. l. n. d.—Sommaire pour les abbé et religieux de Saint-Bertin. intimez, Contre les sieurs administrateurs de l'hôpital de Saint-Omer appelans. Pièce ʝin-folio de 6 p. s. l. n. d.

379 Les grâces et guérisons admirables, à l'invocation de Notre-Dame, en l'hôpital de Saint-Jean, à Saint-Omer, 2ᵐᵉ édition. Vol. in-12. Saint-Omer. V. Boscart, 1629. Ce livret qui est très-rare, a été réimprimé en 1863 dans le format in-18 par Fleury Lemaire, imprimeur.

380 Allocution prononcée à la bénédiction de la chapelle de l'hospice de Saint-Jean, le 26 mars 1866, par M. l'abbé Fasquel, aumônier de l'hopital général et ancien aumônier de l'hospice Saint-Jean. Pièce in-8° de 22 p. Saint-Omer. Fleury Lemaire, 1866.

381 DESCHAMPS DE PAS (L.) Fondation de l'hôpital des Apôtres à St-Omer. Pièce in-8° de 17 p. Saint-Omer, Fleury Lemaire, 1864. (Tiré à part du bulletin de la société des antiquaires de la Morinie). On trouve dans cette notice le titre de fondation de l'hôpital par messire Antoine de Grenet et l'accord passé avec les Dominicains pour l'entretien de la maison.

382 Rapport présenté par l'administrateur Louis Decque, au nom du bureau des finances, tendant à mettre les recettes de la commune au niveau de ses dépenses et à procurer aux hospices civils et maisons de charité tous les secours qui leur manquent pour continuer leur service. Pièce in-8° de 14 p. Saint-Omer, Gougeon, An. 3.

383 Rapport fait par Parent-Réal sur le projet de loi relatif à un échange entre le domaine national et les hospices civils de Saint-Omer. Tribunat, séance du 24 pluviôse an 9. Pièce in-8° de 5 p. Paris, imp. nationale. (1801).

§ 5. — COLLÈGES

A. — COLLÉGE DES JÉSUITES ANGLAIS

384 Piers Notice sur le Collége Anglais de Saint-Omer. (Archives du Nord. Nouv. série, t. II, p. 5.)

385 Cavrois (Louis). O'Connel et le collége anglais à Saint-Omer. Vol. in-8° de 112 p. 2ᵉ édition. Arras, R. Leroy, 1867.

386 Catalogus librorum qui spectant ad bibliothecam majorem collegii S. J. PP. Anglorum Audomari. Vol. in-4°. Saint Omer, 1752. (Vol. inscrit au catalogue de M. Van de Velde sous le n° 12,973).

387 Lettres accordées par l'Impératrice Reine aux jésuites Anglois qui ont passé de Saint-Omer à Bruges, le 1ᵉʳ décembre 1762. Pièce in-12, s, l. n. d.

388 Roussel de la Tour. Compte rendu aux chambres assemblées, concernant le collége que les ci-devant soi-disant Jésuites Anglois occupoient à Saint-Omer (28 août 1763). Pièce in-4° à deux colonnes, de 6 pages, s. l. n. d.

389 Lettres patentes du Roi, portant confirmation et règlement pour le collége anglois de Saint-Omer (14 mars 1764). Pièce in-4° de 8 p. Paris, Simon, 1764.

390 Arrest de la Cour du Parlement, portant envoi en possession du collége anglois de Saint-Omer, des biens qui lui appartiennent, en exécution des lettres patentes des 13 juin, 21 nov. 1663 et 30 mars 1764 (19 juillet 1765). Pièce in-4° de 4 p. Paris, Simon, 1765.— Lettres patentes du Roi qui permettent au collége anglois de la ville de Saint-Omer d'acquérir l'hôtel de Lens, d'emprunter une somme de vingtmille livres et lui donnent le titre de Collége Royal. (Avril 1769). Pièce in-4° de 3 p. Paris, Imp. Royale, 1769.

391 Précis pour les Président et Adminitrateurs du collégeroyal anglois de Saint-Omer contre M. l'Evêque de Saint-Omer Pièce in-4° de 23 p. — Mémoire pour les Président et Administrateurs collége anglois de Saint-Omer, intimés et défendeurs, Contre Messire François de Conzié, évêque de Saint-Omer, appellant comme d'abus et demandeur et contre les prétendus administrateurs du collége de Watten, demandeurs et défendeurs. Pièce in-4° de 83 p. (1773). — Résumé pour les président et administrateurs du collége royal anglois de Saint-Omer, contre M. l'Evêque de Saint-Omer. Pièce in-4° de 42 p. — Réplique pour Mgr l'Evêque de Saint-Omer contre les administrateurs du collége anglois de la même ville. Pièce in-4° de 16 p.

392 Loi relative au collége de Saint-Omer (29 novembre 1790). Pièce in-4° de 3 p. Paris, Nyon, 1791.

393 Loi relative aux arrérages demandés par le collége anglois de Saint-Omer, d'un secours à lui accordé sur le Trésor public (8 mai 1791). Pièce in-4° de 3 p. Arras, Delasablonnière, 1791.

Le collége anglais possédait, dès son origine, une imprimerie particulière qui éditait les ouvrages des professeurs de cet etablissement. Nous indiquons ici les plus anciennes et les plus curieuses de ces publications : il est intéressant pour l'histoire littéraire des Jésuites anglais de connaître les livres sortis de leur collége ou qui portent la marque de leur imprimerie.

394 PARSONS (Robert). The Christian directory (le directeur chrétien). Vol. in-8°. Saint-Omer, 1583, 1584, 1585, 1591, 1592, 1598. Parsons avait publié précédemment une épitre sur les persécutions que le catholicisme subissait en Angleterre. Cet ouvrage qui fit grande sensation, avait été traduit du latin en français et imprimé à Paris en 1582.

395 SOUTHWELL (Robert) Rules of a good life, with a letter to his father, (Règles d'une bonne vie, avec une lettre à son père). Saint-Omer (s. d.) — SOUTHWELL (Robert). A consolation for catholicks imprison'd on account of religion. (consolation pour les catholiques emprisonnés, à cause de la religion) s. l. n. d.

396 SOUTHWELL (Robert). Saint-Peter's complaint in English Verse. (La complainte de Saint-Pierre en vers anglais). Saint-Omer et Londres. 1597.

397 PARSONS (Robert). A brief apology, or défence of the catholick ecclé-
siastical hierarchy and subordination in England erected these latter years
by Pope Clément VIII and impugned by certain libells printed and published
of late. — (Brève apologie ou défense de la hiérarchie ecclésiastique catholique et de la subordination, établies dans ces dernières années par le Pape
Clément VIII) vol. in-8°, Saint-Omer, 1601.

398 FITZHERBERT (Thomas). A défense of the catholick cause. (Défense
de la cause catholique) vol. in-4°, Saint-Omer, 1602.

399 PARSONS (R.). A treatise of the three conversions of England, to which
were added : the examination of Fox's calendar, a relation of the trial made
before the Ring of France in the year 1600 Between the Bishop of Evreux,
end Plessy Mornay. (Un traité des trois conversions d'Angleterre. Saint-
Omer, in-8°, 1603. Auquel furent ajoutés : 1° L'examen du calendrier de
Fox, 1re partie, Saint-Omer in-8° 1604, 2e partie, id. in-8°, 1604 ; 2° Un récit
du débat soutenu devant le Roi de France, en l'année 1600, entre l'évêque
d'Evreux et Plessis Mornay). vol. in-8°, Saint-Omer, 1604.—Parsons (Robert).
A REWIEW of ten publick disputations or conférences held within the
compass of four years under Edward VI, Queen Mary etc. (Une critique
des dix controverses ou conférences publiques qui ont eu lieu, en l'espace
de 4 ans, sous Edouard VI, la reine Marie, etc.) Vol. in-8, Saint-Omer, 1604.
— PARSONS (Robert). De sacris alienis non adeundis questiones duœ, ad
usum, Praximq, Angliæ breviter explicatœ. Vol in-8°, Audomari, 1607.

400 WALPOLE (Michael). A treatise of the subjection of princes to God and
and the church. (Traité de la sujétion des princes envers Dieu et l'Eglise).
Vol. in-4°, Saint-Omer, 1608.

401 GÉRARD (John). An exhortation of J.-C. to the soul; a translation
from Lanspergius (Une exhortation de Jésus-Christ à l'âme, traduite de Lanspergius). Londres 1593. Saint-Omer, 1610.

402 PARSONS (Robert). A discussion of M. Barlonies, answer to the book
entitled the jugement of a catholic man concerning the oat of allegiance.
Vol. in-4°, Saint-Omer, 1612.

403 FLOYD (John). Answer to William Crashow, minister. (Réponse à William Crashaw, ministre). Saint-Omer, in-4°, 1612.— FLOYD (John). A treatise
of Purgatory in answer tosir Edouard Hobby. (Un traité du Purgatoire, en
réponse à sir Edward Hobby). Vol. in-4° Saint-Omer, 1613.

404 Floyd (John). Of the sacrifice of the Mass, a translation from the latin of Ant. Molina. (Du sacrifice de la messe. Traduction du latin d'Ant. Molina). Saint-Omer, 1613.

405 The life and Death of M. Edmond Geninges. Priest crowned with martyrdom at London the day of november in the yeare 1591. Vol. in-4° de 110 p. et grav. Saint-Omer, Boscard, 1614. Livre très-rare qui a été vendu 310 francs à la vente de la bibliothèque de M. Arthur Dinaux.

406 Faulkner (John). A refutation of the errors of John Trusk. Saint. Omers, 1618.

407 Floyd (John). Contrà Novatores Deus et Rex. Saint-Omer, 1620.

408 M. Pilkington. Parallel in défence of the manuel of controversies by Antony Champney. Saint-Omer 1620.

409 Floyd (John). Saint-Augustin's méditations, a translation from the latin. (Les méditations de Saint-Augustin, traduction du latin). Saint-Omer, 1621.

410 Hopkins (Richard). A mémorial of a christian lifer witten first in the spanisch tongues, bythe famous religious father F. Lewis de Granada, provincial of the holy order of Preachers in the province of Portugal. Vol. in-12 de 618 d. Saint-Omer, Heigham, 1625.

411 Brereley (John). Luther's life from the writinges of himselfe and other learned protestants together with a furthershorte discourse tonching Andreas Melanchton, Bucer, Ochine Carolostadins, Swinglius, Calvine and, Beza, the laté pretended reformers of religion taken from the onely reporte of learned protestants tsemselves. Vol. in-4°. Saint-Omer. Heigham. 1624.

412 The life of the glorious Bishop Saint-Patricke. Vol in-4, Saint-Omer. 1625.

413 Floyd (John). Answer to Francis White's, reply concerning nine articles offéred by K. James I to F. John Fisher. (Réponse à la réplique de Francis White concernant neuf articles envoyés par le roi Jacques Ier à F. John Fisher). Saint-Omer, 1626. — Floyd (John). The church conqueringoverh uman wit aganist Chillingworth. (L'Eglise victorieuse de l'esprit humain contre Chillingworth). Vol. in-4°. Saint-Omer, 1631. Dupin (histoire du

XVII° siècle) attribue à Floyd, un livre imprimé chez la V° Boscard, la même année et qui porte pour titre : Spongia quà diluuntur calumniæ nomine facultatis Parisiensis impositæ libro qui inscribitur : Apologia sanctæ sedis apostolicæ circà regimen catholicorum Angliæ. Cet ouvrage parut sous le nom de᾽,H. Locmelius, chanoine de Saint-Omer.

414 FAULKNER (John). The Life of the B. Virgin. Mary. (La vie de la Vierge Marie). Vol. in-12, Saint-Omer, 1632.

415 FAULKNER (John). Fasciculus Myrrhœ; a translation. Vol. in-12,Saint-Omer, 1632. — FAULKNER (John). The Life of Saint-Winefred; a translation. (La vie du Saint-Winefred). Vol. in-8°. Saint-Omer, 1634.

416 AUDERTON (Laurence). The triple cord. (La corde triple). Vol. in-4°, Saint-Omer, 1634.

417 FAULKNER (John). The life of Saint-Catherine of Sweettland.(La vie de Sainte-Catherine de Suède). Vol. in-8°, Saint-Omer, 1635.

418 FLOYD (J.). The total sum against Chillingworth. (La somme totale contre Chillingworth). Vol. in-4°. Saint-Omer, 1639. Quelques années plus tard, J. Floyd composait une vie de la reine Brunehaut : mais les éloges que prodiguait le R. P. à cette princesse étaient de nature à susciter de vives critiques et le visiteur des livres n'en permit pas l'impression. La bibliothèque de Saint-Omer possède le manuscrit de ce curieux travail qui est cité par le P. Lelong (n° 25,025, t. II p.646.)

419 The Roman martyrologe set forth by the command ofpope Gregory XIII, translated ont of latin into English by G. K. Vol in-12 de 376 p. Saint-Omers, Guebels, 1667. Ce martyrologe avait été imprimé d'abord en latin à Rome (1630). Georges Keines, prêtre du collège anglais de Saint-Omer, le traduisit presque aussitôt après en langue anglaise. Nous en indiquons, ici, la seconde édition.

420 The English martyrologe, containing a summary of the most renowned and illustrion saints of England, Scotland and Ireland collated and reviewed by J. Wilson. Vol. in-12 de 294 pages, Saint-Omer, 1672.

421 An Angelical exercise for every day in the wlek to stir up ourselves. daily more and more to the love of the glorious and immaculate Virgin

Mary, mother of God. Composed by a father of the society of Jésus. Vol. in-12 de 120 p. Saint-Omer, N.-J. Le Febvre, 1729.

422 The spiritual exercises of Saint-Ignatius of Loyola, founder ofthe society of Jésus. Vol. in-8° de 156 p. Saint-Omer, Joseph Le Febvre, (1736).

B.—COLLÉGE DES JÉSUITES WALLONS.

423 SAINCT-BERTIN. Parfaict religieux, grand apostre, très-abbé, hault contemplatif, Bien-heureux, dedié à M. Guillaume de Loemele, très digne prélat et à Messieurs les Grand'Prieur et Religieux du très célèbre monastère du même Saint-Bertin, représenté en la grande court du susdict monastère par la jeunesse du collége de la Compagnie de Jésus, le 13 septembre 1621. Pièce in 4° de 8 p. Saint-Omer, Charles Boscart (1621).

424 Règle de la sodalité de la bienheureuse Vierge Marie, mère de Dieu, érigée au collége de la Compagnie de Jésus à Saint-Omer, confirmée par le Saint-Siége apostolique et favorisée de plusieurs grâces et indulgences. Vol. in-18 de 175 p. Saint-Omer, G. Scutin, 1635.

425 Serenissimo Principi, Léopoldo Guillielmo, archiduci Austriœ, Belgi et Burgundiœ Gubernatori, post receptam Gravelingam, Audomarapolim Primùm in. unti, gratularium hoc drama, gratias tanto amori impares, impar tantœ Victori épinicion. D. C. Q. Audomarense societatis Jesu collegium. Pièce in-4° de 12 p. Audomari. V. Boscard, 1652.

426 MORUS (Henri). Historia provinciœ anglicanœ societatis Jesu ab anno 1580 ad 1619, et vice-provinciœ primum, tum provinciœ ad annum 1635. Vol. in-folio. Audomari, Guebels,1660.

427 Association des Amans de Jésus pour l'assurance du salut par la pratique de l'amour de Dieu sur le modèle et sous la protection de Saint-François-Xavier, concertée le jour de sa feste, entre Mgr Alex., duc et prince de Bournonville et autres personnes de piété au collége de la Compagnie de Jésus à Saint-Omer, 3 décembre 1669. Vol in-12 de 48 p. Saint-Omer, J. Carlier, 1670.

428 Reverendissimo D.D.Francisco Bovcavlt,celeberrimi divi Bertini monastérii sedi apostolicœ immédiati subjecti, abbati méritissimo, etc., etc., applausus offerebat collegium societatis Jesus. Pièce in-4° de 10 p.Audomari, J. Carlier, 1677.

429 Procès entre l'abbaye de Molesme et le collège des jésuites au sujet du prieuré de Cohem.

A. Mémoire pour D. Fr. Du Clere, prêtre religienx profes de l'ordre de Saint-Benoist, congrégation de Saint-Maur, pourvu du prieuré de Notre-Dame-de-Cohem, dépendant de l'abbaye de Molesme et encore pour Messire Alexandre de la Rochefoucauld, abbé de Molesme, intervenant contre les Pères jésuites du Collèges de Saint-Omer défendeurs et demandeurs. Pièce in-folio de 5 p. Paris. Vincent (1730 environ).

B. Factum pour Messire de la Rochefouchauld, abbé commendataire de l'abbaye de Molesme et pour Dom. Fr. Du clerc prêtres, religieux de la congrégation de Saint-Maur, prieur de Notre-Dame-de-Cohem, appelant comme d'abus contre le syndic des pères Jésuites du Collège de Saint-Omer. Pièce in-folio de 6 p. s. l. n. d.

C. Mémoire pour Dom. Fr. du clerc contre les Jésuites de Saint-Omer sur la question partagée au sujet de l'union du Prieuré de Cohem. Pièce in-folio de 6 p. s. l. n. d.

430 Roussel de la Tour. Compte rendu aux chambres assemblées du Parlement de Paris, concernant le collége Wallon que les soi-disans Jésuites occupoient à Saint-Omer (21 août 1764). Pièce in-4° de 7 p. à deux colonnes. Ce travail fait partie de la procédure instruite contre les jésuites. On y remarque plusieurs tableaux indiquant les ressources et les charges de la maison. Le rapporteur y a ajouté le plan de la chapelle et du théâtre.

431 Edit du Roi portant confirmation du collége Wallon de Saint-Omer et suppression de ceux d'Aire et d'Hesdin (sept. 1768). Pièce in-4° de 4 p. Paris, G. Simon, 1769.

432 Arrêt de la Cour du Parlement portant envoi en possession du collége Wallon de Saint-Omer des biens qui lui appartiennent, en exécution de l'édit du mois de septembre 1768 (18 mars 1769). Pièce in-4° de 7 p. Paris, Simon, 1769.

433 Illustrissimo Audomarensium senatui in recentem ortum serenissimi Galliarum Delphini (offerebant alumni collegii sacerdotum doctrinœ christianœ).P. in-4° de 4 p. Audomari, Boubers, 1781.

6. — MONUMENTS CIVILS.

434 DESCHAMPS DE PAS (L.) Essai sur l'art des constructions à Saint-Omer, à la fin du XVe et au commencemeut du XVIe siècle. Vol. in-8° de 91 p. Saint-Omer, Chanvin, 1853.

435 DESCHAMPS DE PAS. L'ancien Hôtel de Ville de Saint-Omer. Pièce in-4° de 72 p. et 1 pl. Arras. Tierny, 1859. (Tiré à part du 1er vol de la statistique monumentale du Pas-de-Calais).

436 DESCHAMPS DE PAS. Essai historique sur l'Hôtel de Ville de Saint-Omer. Vol. in-8°. (Extrait des M. de la soc. des ant. de la Morinie T. 4 P. 281).

437 HERMAND (Alex.). Dissertation sur les armoiries de la ville de Saint-Omer, les armoiries de l'abbaye de Saint-Bertin et celles du chapitre. Pièce in-8° de 72 p. s. l. n. d. (Saint-Omer). Extrait des mémoires des antiquaircs de la Morinie. T. 3 p. 343.

438 DESSAUX-LEBRETHON. A M. le Maire de Saint-Omer sur la réintégration des armoiries de cette ville. Pièce in-8° de 13 p. Saint-Omer, Chanvin, 1815.

439 Rapport présenté au Conseil municipal de la ville de Saint-Omer (session de mai 1821). Pièce in-8° de 7 p. Saint-Omer. Lemaire, 1821. Sur des modifications à apporter aux armes de la ville auxquelles on demandait d'ajouter deux fleurs de lys.

§ 7. — NUMISMATIQUE.

440 HERMAND (Alex.) Recherches sur les monnaies, médailles et jetons dontla ville de Saint-Omer a été l'objet, suivies de quelques observations sur l'origine des Mereaux, particulièrement dans les chapitres ou collégiales. Vol. in8° de 132 p. et 9 planches, Saint-Omer, Chanvin (1834).

441 HERMAND (A.) Quelques réflexions sur l'origine et l'usage des mereaux, extrait des recherches sur les monnaies, médailles, et jetons dont la ville de Saint-Omer a été l'objet. Discours prononcé au congrès de Douai, le 14 septembre 1835. Archives du nord de la France. T. 4 p. 385.

442 HERMAND (A.) Notice sur les monnaies trouvées à Saint-Omer en 1838. Pièce in-8° Saint-Omer, 1838.

443 HERMAND (Alex.) Premières monnaies de nécessité. Pièce in-8° de 6 p. s. l. n. d. (1844). Il s'agit surtout des monnaies obsidionales de Saint-Omer.

444 HERMAND (Alex.) Quelques monnaies frappées à Saint-Omer. Pièce in-8° de 35 p. et une planche s. l. n. d. (1850) se trouve aussi dans les mémoires des antiquaires de la Morinie. T. 8. Cette notice est une annexe de l'histoire monétaire d'Artois ; elle comprend des indications nombreuses sur les monnaies Audomaroises du XII et XIII° siècle.

445 HERMAND (Alex.) Notice sur un grand denier de la ville de Saint-Omer du dixième siècle. Pièce in-8° de 9 p. Saint-Omer. Chanvin (1853). Cette notice se trouve aussi dans le bulletin historique de la société des Anti. de la Morinie. 1ʳᵉ livraison de 1853.

446 A. HERMAND ET L. DESCHAMPS DE PAS. Histoire sigillaire de la ville de Saint-Omer. Vol. in-4° avec planches. Paris. Didron, 1861.

1447 DESCHAMPS DE PAS. Quelques méreaux et plombs de marque, relatifs l'Artois. (Extrait de la revue de la numismatique Belge. T. V. 4ᵉ série). Pièce in-8° de 18 p. et 2 planches. Bruxelles. Golbaert. s. d. La plus grande partie de ces plombs appartient à Saint-Omer.

448 DEWISMES (Ad.) Première monnaie obsidionale de Saint-Omer, 1477. Pièce in-8° de 4 p. Saint-Omer. Lemaire, 1851.

449 DEWISMES (Ad.) Quelques observations sur les méreaux d'Arras et de Saint-Omer (Extrait de la Numismatique Belge T. VI. 3ᵉ série). Pièce in-8° de 15 p, et 2 planches. Bruxelles. Devroye, 1862.

450 LAPLANE (H. de). Un cabinet d'amateur à Saint-Omer. Pièce in-8° de 23 p. Saint-Omer. Fleury Lemaire, 1864. Il s'agit ici du cabinet de M. Dewismes dont M. de la Plane indique la richesse et l'importance, au point de vue de l'histoire du pays.

451 DUFAITELLE. Billets de confiance de la caisse patriotique de Saint-Omer (Puits Artésien. revue du Pas-de-Calais. Année 1840).

452 Rouyer (Jules). Dissertation sur la monnaie communale de Saint-Omer (1127-1128). Pièce in-8° de 15 p. Blois. Dezaire, 1844. Cette dissertation est aussi insérée dans la revue numismatique. Année 1844.

453 SERRURE (C. A.). Observations archéologiques à propos de quelques monnaies inédites de Saint-Omer. Pièce in-8° de 32 p. et 1 pl. Gand. Hebbe lynck, 1856. Cet article a été imprimé dans le *Messager des sciences historiques de la Belgique*, année 1856.

454 Catalogue descriptif et raisonné des émaux, ivoires, monnaies, médailles, curiosités dixerses et livres composant la collection de feu M. Ad. Dewismes. Vol. in-4° avec planches. Saint-Omer, Fleury Lemaire, 1875. Ce catalogue rédigé par M. Deschamps de Pas avec une exactitude et une érudition qui ont été remarquées, conserve pour les érudits le souvenir d'une correction considérable dont on doit regretter sa dispersion.

8. — BIBLIOTHÈQUE. IMPRIMERIE.

455 Manuscrits de la bibliothèque de Saint-Omer. Vol. in-4° s. l. n. d. Ce volume est composé de deux parties. La première comprend la publication faite pour le gouvernement par M. Michelant du catalogue des manuscrits de Saint-Omer. La seconde est un supplément publié par la société des Anti-quaires de la Morinie : il contient des additions et corrections considérables.

456 Aubin (abbé) Catalogue raisonné des manuscrits de la bibliothéque de Saint-Omer. MS. reposant à la bibliothèque de la ville.

457 Piers (H.) Notice historique sur la bibliothèque publique de la ville de Saint-Omer. Vol. in-8° de 66 p. Lille, Vᵉ Libert, 1840.

458 Piers (H.) Catalogue des manuscrits de la bibliothèque de Saint-Omer concernant l'histoire de France. Vol. in-8° de 88 p. Lille. Vᵉ. Libert, 1840. Cet ouvrage est une seconde édition améliorée du livre suivant : catalogue sommaire des manuscrits de la bibliothèque de la ville de Saint-Omer. Pièce in-8° de 32 p. Saint-Omer. Lemaire, 1827.

459 Opinion des journaux du Nord et du Pas-de-Calais sur la notice histo-rique sur la bibliothèque de Saint-Omer, concernant l'histoire de France, avec des notes de l'auteur. Vol. in-8° de 35 p. Aire. Poulain, 1841.

460 Hermand (A.) Genealogia nobilissimorum Francorum, Imperatorum et regum dictata à Carolo rege et sancta Prosapia domni Arnulphi, Comitis gloriossissimi, filii que ejus Balduini. Manuscrit sur parchemin de la bibliothèque de Saint-Omer (n° 776), précédé de quelques observations et suivi d'un fac-simile. Pièce in-8° de 20 p. s. l. n. d. (Saint-Omer). Cette notice fait aussi partie des mémoires de la société de la Morinie. T.2.p. 349.

461 De Linas (Ch.) Notice sur une vie manuscrite de Saint-Omer, précédée d'un essai sur l'orfévrerie appliquée à la reliure des livres. Pièce in-8 de 20 p. Amiens. Caron et Lambert.

462 Piers (H.) Origine de l'imprimerie à Saint-Omer. (Archives du nord de la France, 2° série. T. 3, p. 542 et Messager des sciences de la Belgique, 1842. p. 381).

463 Epistres dorées de Saint-Hiérome, traduites de latin en français, avec une table très-ample. Vol. in-18 de 299 p. Saint-Omer. Fr. Bellet, 1602. Cet ouvrage peut-être considéré comme le premier livre imprimé à Saint-Omer. F. Bellet, s'était établi dans cette ville l'année précédente (1601). On lit en effet dans une lettre placée en tête de ce volume et adressée aux échevins de la ville ; qu'honoré de leur protection *et attiré par leur munificence libérale (1) pour exercer en cette ville l'art de l'imprimerie,* il a jugé convenable de leur dédier ce livre pour s'acquitter en partie de *son devoir et obligation envers leurs seigneuries.* — Dans la même préface F. Bellet rappelle cependant que l'année précédente, il avait déjà imprimé un petit livret à l'usage de la jeunesse ; *les fleurs de la doctrine chrétienne.*

§ 9 — ABBAYE DE SAINT-BERTIN.

464 Cartularium monasterii Sancti-Bertini Sithiensis, etc. Ce volume a été tellement mutilé que les documents qu'il contient sont presque tous incomplets. On y trouve deux brefs d'Alexandre IV à Guilbert, abbé de Saint-Bertin. Voici quelques pièces qui sont restées complètes : n° C. Donatio Willelmi de Clarques, Militis de ruagio de Arkes, septembre 1265 ;—n° CVI, Robertus comes Atrebatensis pro sancto Bertino contra Scabinos Audomarenses, février 1269 ; — n° CXIV, confirmatio Karoli regis super privilegio Johannis, Ducis Burgundi et comitis Flandriarum pro fortalicio Domus nostræ de Arques, 22 décembre 1415. Les dernières pièces sont en français mais incomplètes, elles appartiennent à la première moitié du XIV° siècle. Vol. in-4°. Ms, n° 474 de la biblioth. d'Arras.

(1) Registre de l'argentier de Saint-Omer, 1601 : « à Franchois Bellet, imprimeur
» juré a esté fourny, la somme de cent livres d'Arthois que Messieurs les Magistrats
» luy ont accordée en don gratuit pour l'attirer en ceste ville et exercer l'art d'im-
» primerie et subvenir aux frais de son voyage et d'avoir amené en ceste ville ses
» meubles et ustensils. »

465 Cartularium Folquini et Simonis. Ms. du XVIᵉ siècle. N° 50 de la bibliothèque de Saint-Omer. Cette compilation est due à Dom Allard-Tassard, moine de l'abbaye.

466 Le grand cartulaire de Saint-Bertin, ou recueil général et chronologique des chartes et titres de l'abbaye depuis sa fondation (648) jusqu'en 1200 inclusivement, le tout tiré et copié sur les originaux mêmes, reposant aux archives de ladite abbaye et, à leur défaut, sur les cartulaires de Folquin, Simon, Tassart et autres anciens écrivains de ladite abbaye de Saint-Bertin, par Dom Charles de Witte, religieux. (Voir sur ce cartulaire, le catalogue des manuscrits de la bibliothèque de Saint-Omer, n° 803 qui en donne une complète description).

467 GUÉRARD (M).Cartulaire de l'abbaye de Saint-Bertin. Vol. in-4°. Paris Imprimerie royale, 1841.

468 MORAND(François).Appendice au cartulaire de l'abbaye de Saint-Bertin. Vol. in-4°. Paris, imprimerie impériale, 1861. Ces deux ouvrages ont été publiés dans la collection des documents inédits sur l'histoire de France.

469 MORAND (F.). Sur un manuscrit du XIIᵉ siècle, contenant le texte original du cartulaire de Simon, abbé de Saint-Bertin. Pièce in-8° de 8 p. Boulogne.Aigre, 1856.

470 JOHANNES YPERIUS. Chronica sive historia monasterii Saint-Bertinii. Ms du XVᵉ siècle. n° 739, bibliothèque de Saint-Omer. Jean d'Ypres, abbé de Saint-Bertin (1356-1383) écrivit l'histoire de l'abbaye depuis son origine jusqu'à l'an 1297. Cette chronique a été continuée jusqu'à l'année 1481 par un autre annaliste,Jean Wala, sous prieur de l'abbaye. La chronique d'Yperius a été imprimée au T. 3, du *Thesaurus novus anecdoctorum* de D. Martene qui a aussi donné un abrégé de la continuation dans son *amplissima collectio*, T. VI.Les bibliothèques d'Arras et de Boulogne possèdent chacune un exemplaire manuscrit de la chronique d'Yperius.

471 LA PLANE (Henri de) Les abbés de Saint-Bertin d'après les anciens monuments de ce monastère. 2 vol. in-8°, avec planches. Saint-Omer. Chanvin, (1854-55).

472 HERMAND (Alex.). Recherches sur la question d'antériorité et de paternité entre les deux monastères primitifs de la ville de Saint-Omer, dans ses rapports avec l'histoire des commencemens de cette ville. Vol. in-8° de 144 p. Saint-Omer. Chanvin, 1851.

473 Vita vel Miracula sancti Bertini. Ms,n° 764 et 819 de la bibliothèque de Saint-Omer.

474 Vita Sancti Bertini, confessoris et abbatis, Vol. in-folio. Mss. de 52 f. n° 367 de la bibliothèque d'Arras (XVI° s.).

475 FOLCUIN (Abbé de Lombes). Vita atque miracula sancti Bertini. Ms. n° 107. Biblio. de Boulogne. La vie du saint est écrite en vers hexamètres et comprend 45 feuillets (XI° siècle).

476 DUPONT (P.). Bertinias ou vie de Saint-Bertin, poëme en quatre livres. Vol. in-8°. Paris. N, de Pratis, 1510.

477 ROENS (D. Joannes Barth.) Bertiniis, hoc est divi Bertini abbatis gesta et encomia, varii generis carmine concinnata, quibus accesserunt Patrocinii Bertiniani imploratio versù Elegiaco et Lyrico, arx virtutis sive tranquillitatis animi munimentum atque in capitales ejus adversarios satyr et épigrammata. Vol. in-12 de 152 p. Ipris. Jonnes Baptista. Moerman, 1691. L'ouvrage est dédié à Desplanque, abbé de Saint-Bertin. A la suite de ce livre on place la brochure du même auteur qui a pour titre « Prolis quatri — Duanœ è tumulo renascentis miraculum, nudi solennis supplicatio Poperingana originem ducit, imparibus tibiis canebat I. B. R (Rœns). I. V. L. subumbrà alarum aquilœ Bertinianœ subditam sibi Poperingam protegentis. Pièce in-12 de 20 p. Ipris. J. B. Moerman, 1688.

478 WENIS (Silvin). Epigrammatum libri duo Bertinianis Jesum Esum, sacerdotem et hostiam, Deo Deum ad aras primun offerentibus oblati per Juvenes poetas. Vol. in-4° de 63 p. Audomari. J. Carlier, 1673. Ces poésies furent dédiées par l'auteur, religieux du monastère, à l'abbé de Lières qui en ordonna l'impression.

479 JEAN D'YPRES. Vie de Saint Erkembode, 4° abbé de Saint-Bertin, (Bollandistes. T. 2. d'avril).

480 Oratio funebris habita in obitu Gerardi Hamericurtii, abbatis Bertiniani, Johanne Malpautio medico auctore. Ms. in-folio, n° 364 du catalogue de la bibliothèque d'Arras (XVI° siècle).

481 L'abbé de Marolles contre Saint-Bertin — Ms. in-folio du XVI° siècle. n° 503 du catalogue des Mss. de la bibliothèque de Saint-Omer. Recueil de documents sur la contestation élevée entre l'abbé de Marolles postulant la

dignité abbatiale, après la mort de M. d'Hamericourt, et les religieux de Saint-Bertin qui nommèrent, en 1580, D. Vaast-Grenet, ancien prieur.

482 COUVREUR (André). Oraison funèbre faite et prononcée aux obsèques de feu d'heureuse mémoire, sire Nicolas Mainfroy, très-digne Prélat du très-célèbre et très-religieux monastère de Saint-Bertin. Pièce in-12. Ch. Boscart, 1612.

483 Relation véritable de ce qui s'est passé jusqu'à présent touchant la réforme du monastère de Saint-Bertin, ordre de Saint-Benoit, en la ville de Saint-Omer : le tout représenté par les religieux réformez dudit lieu à Monseigneur le Révérendissime Evesque de Saint-Omer et Monseigneur le Révérend prélat de Saint-Vaast, députez commissaires par sa Majesté pour reconnaître ce qui est de la dite réforme. (Archives du Nord de la France. 2ᵉ S. T. 4. p. 306.)

484 SACRÉ (Gérard). Relation véritable de ce qui s'est passé touchant la réforme du monastère de Saint-Bertin, ordre de Saint-Benoît, en la ville de Saint-Omer, le tout déduit par les religieux dudit lieu, l'an 1635 et 1636 et un peu augmenté par F. G. S. (frère G. Sacré) ms. bibliothèque de Mons.

485 Disputatio particularis circa habitum et coronam reformatorum. Utrum reformati Bertiniani virtute decreti anno 1637, in abbatiâ S, Amandi facti, teneantur habitum et coronam reformationis jàm assumptœ deferre. Pièce in-4° de 15 p. s. l. n. d. (1643).

486 Resolutiones eximiorum et clarissimorum dominorum universitatis Lovaniensis circà inutilitatem quarumdam excommunicationum a R. D. Nicola O, Abbate sancti Amandi, in religiosos S. Bertini reformatos fulminatarum. Pièce in-4° de 19 p. Bruxellœ. Schovartius. 1643.

487 Resolutiones eximiorum et clarissimorum dominorum Universitatis Duacenœ, circa potestatem Abbatis A, in qualitate prœsidis et visitatoris monastériorvm exemptorvm ordinis B. Benedicti per Belgium. Pièce in-4° de 35 p, Duaci. J. de Spira. 1643. S. Nepveu répondit à ce mémoire par le factum suivant.

488 NEPVEU (S.) Examen anatomiœ errorum, facti, juris, praxeos et styli qui continentur in consultatione editâ, pridiè Kalend. Maii, 1643. Pièce in-4° de 75 p. Duaci, de Spira, 1644.

489 Continuatio examinis anatomiœ errorum facti, iuris, praxeos et styli
qui continentur in consultatione editâ pridiè Kal. maii 1643, perquosdam
doctores universitatis Duacenœ super controversiâ quœ est inter Dominos
Bertinianum et Amandinum Abbates a Simone Nepveu l. v. doctore, ac in
Duacensi academiâ pontificii antecessore. Pièce in-4° de 79 p. Duaci, de Spira
(1644).

490 Histoire et droictz de Monseigneur le Prélat de Saint-Bertin, en Saint
Omer, sur le Comté de Guisnes. Ms. in-folio du XVII° siècle. n° 579 du catalogue des mss. de la bibliothèque de Saint-Omer. L'abbé de Saint-Bertin
demanda en 1660 la restitution des droits et redevances du comté de Guisnes.
Ce volume comprend les principales pièces de la procédure.

491 MONNIER DE RICHARDIN. Mémoires sur les différens élevés en 1699 entre
l'Université de Douai, les jésuites et l'abbaye de Saint-Bertin, 2 vol. in-4°
mss. (Voir archives du Nord 2° série T. 3 p. 169 et 320).

492 Theses Theologicœ de actibus humanis, eorumq. regulis, necnon de
virtutibus theologicis quas, Deo Duce, Auspice Deiparâ, Préside R. Dom.
Mauro Douchet, religioso monasterii Saint-Bertinii, ordinis S. Benedicti,
sacrœ theologiœ professore, propugnabit in abbatiâ Saint-Bertini Audomari.
Dom. Benedictus Ansart, prœdicti monasterii religiosus. Pièce in-4° de 12 p.
Audomari, Fertel 1730.

493 Pour les abbé, prieur et religieux de Saint-Bertin appelans comme
d'abus contre M. l'Evêque de Saint-Omer (voir OEuvres de Cochin, t. VI,
p. 359). L'Evêque de Saint-Omer prétendait qu'aucun religieux ne pouvait
soutenir une thèse de théologie sans qu'elle eut été approuvée par l'évêque
(M° Cochin plaidant pour les religieux). Le droit de surveillance sur les imprimés, les usages et prérogatives du pays sont savamment exposés par le
defenseur de Saint-Bertin.

494 Mémoire signifié pour les abbé, prieur et religieux de Saint-Bertin de
Saint-Omer appelans — contre le sieur Friquet, curé de la paroisse d'Heuchin et hameaux en dépendans, gros décimateurs en partie de ladite paroisse.
— Contre les habitants du bourg d'Heuchin, du hameau de Fontaine-lez-
Boullens et du hameau de Prédefin. Pièce in-folio de 23 p. Paris, Brunet.
1748. Un vicaire ayant été établi dans la paroisse d'Heuchin, l'abbaye refuse
de payer sa portion congrue, attendu qu'elle n'est pas seule gros décimateur
de la paroisse.

495 Mémoire servant de contredits, de productions nouvelles pour les abbé et religieux de Saint-Bertin appelans — contre Antoine d'Esquinemus, Ecuyer intimé. Pièce in-folio de 14 p., s. l. n. d. (1749). L'abbaye réclame du hameau de Quindal la rente seigneuriale, connue sous le nom de *chiens d'avoine*.

496 Mémoire pour le sieur Alb. Decocq, appelant d'une sentence rendue au Conseil provincial d'Artois — contre les religieux de Saint-Bertin et le sieur Guislain Verdevoie, curé d'Houlle, intimé. Pièce in-4° de 35 p. Paris, Cellot, 1767. Le sieur Decocq qui exploitait un four à chaux à Moulle, s'adresse au Parlement de Paris pour être maintenu dans son industrie que jalouse l'abbaye de Saint-Bertin, propriétaire à Moulle d'une ferme et de plusieurs autres fours à chaux.

497 JACQUES COLOMBAT. Requête au Roi contre les Etatsd'Artois, les abbé et religieux de Saint-Bertin. Pièce in-4° (ce mémoire ne nous est connu que par le catalogue des livres de M. Haigneré : Voir le n° 1770.)

498 Mémoire pour les habitans, corps et communauté du village de Mametz, etc., contre les abbé et religieux de Saint-Bertin et les abbé et religieux de Saint-Jean-au-Mont. Pièce in-4° de 16 p. Arras, M. Nicolas (1790). Sur la dime du tabac prétendue par les deux abbayes : curieux détails.

499 Recueil de pièces concernant le procès soulevé en 1774 entre l'abbaye de Saint-Bertin et l'abaye d'Auchy sur la question de savoir si l'abbaye de Saint-Bertin a le droit de donner à l'abbaye d'Auchy un abbé, pris parmi ses religieux. Vol. in-4°. Paris, 1774-1778. Des nombreuses controverses soulevées par ce procès il résulte que les prétentions de Saint-Bertin avaient leur fondement dans une charte de 648 qui les avait mis en possession de la terre d'Auchy. Après avoir établi un couvent de filles, Saint-Bertin y institua définitivement un couvent d'hommes, et le premier abbé, Sulger, fut nommé par l'abbaye de Saint-Bertin qui usait en cela des prérogatives accordées aux fondateurs. Les moines d'Auchy ont souvent cherché à échapper à cette suzeraineté, ils ont invoqué la règle de l'ordre qui leur donnait, disaient-ils, le droit d'élire parmi eux un abbé : mais cette prétention a toujours été repoussée notamment en 1229 par Innocent III, en 1418, par l'évêque de Thérouanne ; en 1540 par Charles-Quint ; en 1677 par Louis XIV. Cette fois l'abbaye d'Auchy réclame et fonde sa demande sur de nouvelles raisons; elle conteste à Saint-Bertin le titre de fondateur et présente au Conseil du Roi une charte de 1079 de laquelle il résulterait que l'abbaye a été fondée par

le comte d'Hesdin et que ce seigneur a concédé aux moines le droit d'élection. Cette pièce paraît sincère et exacte à quelques diplomatistes qui l'ont examinée.

A ce nouveau moyen Saint-Bertin oppose la charte de 648 par laquelle Adroalde a donné à Saint-Bertin, St-Momelin et Saint-Ebertrand le territoire de Sithieu et ses dépendances, c'est-à-dire, entr'autres territoires, le territoire d'Auchy. — Depuis ce temps l'abbaye de Saint-Bertin a exercé maintes fois les droits de suzeraineté.

Quant à la charte de 1079, il y a tout lieu de croire qu'elle est fausse. Sans parler des institutions d'abbés antérieures à cette époque, il est incontestable que, cette année là même, Lambert, abbé de Saint-Bertin, institue Eudes quatrième abbé d'Auchy — Ajoutez que la charte parle de Gauthier comte d'Hesdin et d'Enguerrand son fils. — Or en 1079, le comté d'Hesdin appartenait à la Flandre et n'en fut détaché qu'en 1180 pour faire partie de la dot d'Isabelle de Hainaut, femme de Philippe-Auguste. Cette erreur grossière prouve la fausseté de ces documents.

Ce procès qui semblait s'appuyer sur des pièces apocryphes excita une grande sensation dans la province et ce fut à son occasion que s'éleva la discussion fort intéressante sur la question de savoir s'il y avait eu des comtes d'Hesdin. Les divers mémoires qui ont été publiés sur cette difficulté historique sont des pièces annexes du procès et on peut les consulter utilement.

Nous donnons l'indication des documents que nous avons pu réunir, en commençant par plusieurs mémoires, écrits en 1727, époque à laquelle surgit la difficulté entre les deux abbayes, pour aboutir au grand procès des années 1778 et suivantes.

A Mémoire pour les Prieur et Religieux de l'abbaye de Saint-Silvin d'Auchy, ordre de Saint-Benoist, demandeurs. — Contre les abbé et religieux du monastère de Saint-Bertin, du même ordre, défendeurs. Pièce in-folio de 28 p. Paris. Grou. 1727.

B Réponse des abbé et religieux de Saint-Bertin à une requête imprimée des religieux d'Auchy, présentée à la fin de juillet 1727. Pièce in-folio de 11 p. Paris. Rondet. 1727.

C Réponse pour les abbé et religieux de Saint-Bertin, ordre de Saint-Benoist, immédiatement sujets au Saint-Siège apostolique, contre un certain mémoire qui parait au nom de soy disant religieux de Saint-Silvin d'Auchy en Artois contre les religieux de Saint-Bertin de Saint-Omer. (Signée Portebois. religieux de Saint-Bertin.) Pièce in-folio de 4 p. s. l. n. d.

D Requête au Roi et à nosseigneurs de son conseil par les abbé et religieux de Saint-Bertin. — Contre l'abbaye d'Auchy. Pièce in-4° de 18 p. Paris. Simon 1775.

E Mémoire à consulter pour les abbé, prieur et religieux de l'abbaye de Saint-Bertin. — Contre l'abbaye d'Auchy. Pièce in-4° de 33 p. Paris. Simon. 1775.

F Réponse pour l'abbaye de Saint-Bertin aux différens mémoires et consultations des religieux de l'abbaye d'Auchy. Pièce in-4° de 26-4 p. Paris. Lambert, 1775.

G Mémoire à consulter et consultation pour les abbé et religieux de Saint-Bertin. — Contre les prieur et religieux de l'abbaye d'Auchy. Vol. in-4° de 56 p. Paris. Pierres. 1776. A la suite de ce mémoire on trouve la charte de fondation de Saint-Bertin, (648) et copie de la prétendue charte d'Auchy de l'an 1079.

H Précis pour les abbé et religieux de l'abbaye de Saint-Bertin en Artois. — Contre les religieux d'Auchy. Pièce in-4° de 23 p. Paris. Ballard. 1778.

I Mémoire à consulter pour les prieur et religieux de l'abbaye de Saint-Silvin d'Auchy, diocèse de Boulogne. — Contre les abbé et religieux de Saint-Bertin. Pièce in-4° de 29 p. (s. l. n. d. Paris. 1776.)

J Seconde consultation pour l'abbaye d'Auchy. servant de réponse aux critiques élevées contre la charte de 1079. Pièce in-4° de 32 p. Paris. Simon. 1775.

K Consultation sur les moyens de forme opposés aux religieux d'Auchy. Pièce in-4° de 12 p. Paris. Simon. 1777.

500 Mémoire pour François-Joseph Deswazière, écuyer, seigneur d'Inguehem et autres lieux, demeurant au château de Mussem, défendeur. — Contre MM. les abbé, grand'prieur et religieux de l'abbaye de Saint-Bertin. Pièce in-4° de 28 p. Saint-Omer, Boubers, 1780. — Procès de chasse, curieux par ses détails.

501 WALLET (L.). Abbaye de Saint-Bertin, à Saint-Omer. Texte in-4°; atlas in-folio.

502 DENEUVILLE (E.). Rapport présenté au Conseil municipal de Saint-Omer dans sa séance du 7 avril 1845 au nom de la commission chargée d'examiner les plans et devis de M. Lefranc et de M. Mory pour la consolidation de la tour de Saint-Bertin. Pièce in-8° de 15 p. Saint-Omer, Lemaire, 1845.

503 LA PLANE (Henri de). Compte-rendu des fouilles faites sur le sol de l'ancienne église abbatiale de Saint-Bertin en 1844. Vol. in-8° avec planches. Saint-Omer, Chauvin, 1846. M. Vallet de Viriville a analysé cet ouvrage dans la revue archéologique, t. IV, p. 75.

504 LA PLANE (Henri de). Quelques mots sur les fouilles historiques faites sur le sol de l'ancienne église abbatiale de Saint-Bertin. Pièce in-8° de 15 p. Saint-Omer, Lemaire, 1846. Cet opuscule a été imprimé à vingt exemplaires, mais il se trouve aussi dans les mémoires des antiquaires de la Morinie, Année 1846.

505 LA PLANE (H. de). Un mot sur les ruines de Saint-Bertin à Saint-Omer, 1851. Lu àla séance annuelle de la commission des monuments historiques du Pas-de-Calais, à Arras, le 25 juillet 1851. Pièce in-8° de 22 p. Saint-Omer, Chanvin, 1851.

506 DESCHAMPS DE PAS. L'abbaye de Saint-Bertin à Saint-Omer. Piéce in-12 de 42 p. Saint-Omer, Guermonprez, 1868.

507 Inventaire des reliques de l'abbaye de Saint-Bertin, (archives du Nord de la France. 2 S. t. IV, p. 127.)

508 HERMAND (A.). Essai sur la mosaïque de Saint-Bertin, lu à la Société des antiquaires de la Morinie dans sa séance du 5 octobre 1832. Pièce in-8° de 22 p. Saint-Omer, Chauvin, 1834.

509 DUBOIS DE FORESTELLE. Les ruines de Saint-Bertin, poësie. (Mémoires de l'académie d'Arras, t. XXII, p. 307).

510 LE SERGENT DE MONNECOVE (F.). Inventaire analytique des registres de l'abbaye de Saint-Bertin à Saint-Omer, existant au dépôt des archives déparmentales du Pas-de-Calais. Pièce in-8° de 32 p. Saint-Omer, F. Lemaire, 1874.

511 Annales Santi Bertini. Ms n° 706 de la bibliothèque de Saint-Omer (Xe siècle). C'est le plus ancien texte connu. Elles se trouvent aussi parmi les Mss des bibliothèques de Douai et Bruxelles. Ces annales ont été rédigées par trois auteurs : on attribue la seconde partie à Saint Prudence, évêque deTroye et la troisième à l'archevêque de Reims Hincmar. L'auteur de la première partie est encore inconnu. Elles ont été imprimées dans plusieurs collections : 1° Duchesne ; Recueil des historiens originaux. T III.2° Pres.Cousin : histoire de l'empire d'Occident ; 3° Muratori : scriptores rerum Italicarum, t. II ; 4° D. Martène : Thesaurus anecdoctorum, t. III ; 5° D. Bouquet : Recueil des historiens de Gaule et de France, t. VI et VIII ; 6° Pertz : Monumenta Germaniœ historica (1826) ; 7° les annales de Saint-Bertin ont été aussi publiées pour la Société de l'histoire de France par M. l'abbé C. Dehaisnes, archiviste du département du Nord. Vol. in-8. Paris. Renouard. 1871.

512 RAVALIÈRE (de). Doutes proposées sur les annales de Saint-Bertin. 31e volume des mémoires de l'Académie des inscriptions et belles lettres.

513. LEBEUF (l'abbé). Lettre sur les annales de Saint-Bertin. Est insérée au

T. XVIII des mémoires de l'Académie des inscriptions et belles lettres. Ce mémoire du savant critique a été l'objet d'une notice raisonnée qui se trouve dans l'histoire de l'Académie des inscriptions T. IX. Paris, PanKoucke, 1770.

514 BERTHOLD (Dom). Observations bibliographiques et historiques sur la notice des Gaules, tirée d'un Ms de l'abbaye de Saint-Bertin rédigées et augmentées après sa mort par M. l'abbé Ghesquière. Pièce in-4°, s. l. 1788.

§ 10. — AUTRES COUVENTS ET MAISONS RELIGIEUSES DE SAINT-OMER

514 bis DESCHAMPS DE PAS. Note sur un manuscrit provenant du couvent de Sainte-Catherine de Saint-Omer. Pièce in-8° de 16 p., s. l. n. d.

515 Petit exercice en l'honneur de la saincte et angélique Vierge Aldegonde, pour les chanoinesses, tant séculières de Maubeuge que régulières de la ville de Huy ; les dames du Soleil en la ville de Saint-Omer et autres qui, s'en voulant servir, se poudront facilement accômoder. Vol in-8° de 14 ff. Tournay, Ad. Quinque, 1641.

516 Constitutions régulières des sœurs de la Pénitence du tiers ordre réformé de Saint-François, dictes vulgairement capucines, instituées, establies et fondées premièrement au diocèse de Saint-Omer. Vol in-12 de 103 p. et une table. Saint-Omer, P. Guebels, 1627. Une nouvelle édition de ce livre parut en 1632 chez le même imprimeur.

517 MATHIAS (P.). La vie de la vénérable mère, sœur Françoise de Saint-Omer, fondatrice de la réforme des religieuses de la Pénitence, dites vulgairement Capucines, qui a eu son commencement aux Pays-Bas, en l'an 1614. Vol. in-4°. Saint-Omer, Carlier, 1666.

518 TURPIN. Histoire de la fondation des frères prêcheurs de Saint-Omer. Ms in-4° biblio. de Saint-Omer.

519 La dévotion au Sacré-Cœur de Jésus à l'usage des associations établies sous ce titre dans différens endroits par l'autorité du Saint-Siége et avec l'approbation des Evêques. Nouvelle édition. Vol. in-12 de 375 p Saint-Omer. Fertel, 1733. En tête du livre se trouvent les indulgences accordées par Clément XII à la confrérie du Sacré-Cœur de Jésus, érigée en l'Eglise des Ursulines de la ville de Saint-Omer, ainsi que les règlemens de l'association. Ce volume est d'une belle impression.

520 LA HAYE (Guill. de). Fondation du couvent de Sainte-Marguerite dans la ville de Saint-Omer, des religieuses du tiers ordre de Saint-Dominique, venues de l'ancienne ville épiscopale de Térouanne. Vol. in-8° de 144 p. Douai, M. d'Assignies, 1686.

§ 11. — BANLIEUE

521 EUDES. Relation du Pas d'Armes près de la croix Pélerine (en 1477). Pièce in-8° de 36 p. (Extrait des mém. des antiq. de la Morinie, t. I).

522 PIERS (H.). Appendice à la relation de M. Eudes.(Mémoires de la Morinie, t. I, p. 322.)

523 QUENSON. La croix pélerine. Notice historique sur un monument des environs de Saint-Omer. Pièce in-4° de 44 p. Douai, Wagrez aîné, 1835.

524 EUDES. Notice sur le château d'Edequines, les franches vérités de Saint-Omer et la chapelle de Notre-Dame de Lorette sur les bruyères de cette ville. (Mém. de la Morinie, t. IV, p. 267).

525 EUDES. Notice sur le Neuf-Fossé. (Extr. des mém. des antiq. de la Morinie, t. 4 p. 33).

526 PIERS (H.), Petites histoires de l'arrondissement de Saint-Omer. — Cantons Nord et Sud de Saint-Omer. Vol. in-8° de 64 p. Lille, V° Libert-Petitot, 1840.

527 ClaudI DausqueI sanctomarI can. Torn. Terra et Aqua seu terrœ flu-

tantes.Vol.in-4° de 290 p.Torn. Nerviorum. ad.Quinque,1633. Autre édition :
Paris,J. Léonard, 1677. in-8°. Cet ouvrage est dédié à Christ. Morlet, évêque
de Saint-Omer ; il explique longuement les merveilleuses îles flottantes qu'on
allait visiter dans les canaux du Haut-Pont. L'édition de Tournay est préfé-
rable ; elle contient l'épitre dédicatoire qui est supprimée dans celle de
Paris.

528 Piers (H.). Les Iles flottantes. Pièce in·8° de 14 p., s. l. n. d. (Saint-
Omer). Extrait des mémoires des antiquaires de la Morinie. t. II, p. 157.

529 Siméon (baron). Notice sur les usages et le langage des habitans du
Haut-Pont, faubourg de Saint-Omer, communiquée par M. le baron Siméon,
préfet du Pas-de-Calais. Chanson flamande qui contient la description des
occupations des jardiniers des faubourgs du Haut-Pont et de Lyzel, dépendant de la ville de Saint-Omer. Mémoires des antiquaires de France, t. III,
p. 357.

530 Requête de l'abbé Delerue à MM. les juges du Tribunal de district de
Saint-Omer. Pièce in-4° de 16 p., s. l. n. d. (Saint-Omer, 1790). Des troubles
religieux ayant éclaté dans le faubourg de Lysel, sur la plainte de Michaud,
curé constitutionnel de la paroisse, l'abbé Delerue fut condamné comme
l'instigateur de cette manifestation catholique à un an d'emprisonnement.
Dans ce mémoire il explique les faits qui se sont produits et cherche à
démontrer l'injustice de la première sentence.

531 Mémoire signifié pour la majeure partie des habitans des faubourgs
du Haut-Pont et de Lizel et le village de Tilques, demandeurs et défendeurs
contre les mayeur et échevins de la ville de Saint-Omer, en présence des abbé
et religieux de Saint-Bertin, et le curé de la paroisse de Sainte-Marguerite,
codécimateurs. Arras, Guy Delasablonnière, 1782.

532 Leconte (E.). La paroisse Saint-Martin hors les murs, ancien faubourg
de Saint-Omer. Pièce in-8° de 48 p. Saint-Omer, Chanvin, 1852. Cette notice
qui a paru dans l'*Independaut*, journal de Saint-Omer, est attribuée à M. Courtois, membre de la société des Antiquaires de la Morinie.

533 Consultation pour les habitants de la ci-devant banlieue de Saint-Omer
sur la question de savoir si ces habitans ont des droits de propriété dans les
biens communaux situés dans la ci-devant banlieue. Pièce in-4° de 65 p.,
s. l. n. d. (An. 13). Cette consultation, délibérée par Lefèvre-Cayet, Dauchet

et Corne, renferme de curieux documents historiques. C'est encore un factum concernant cette interminable discussion sur la propriété et le régime des marais d'Artois.

534 DESCHAMPS DE PAS (L.) Notice descriptive des limites de la banlieue de Saint-Omer. Pièce in-8° de 47 p. Saint-Omer, Fleury, 1873

§ 12. — VARIÉTÉS

535 COURTOIS (A.) Coup d'œil sur Saint-Omer à la fin du 17e siècle. Pièce in-8° (Extrait des mémoires des ant. de la Morinie. T. 7.).

536 LACHÈVRE-CHANVIN. Anciennes coutumes. Le feu de malheur. Pièce in-8° de 15 p. Saint-Omer. Chanvin (s. d.)

537 LEFÉVRE. Droit de propriété sur la butte Sithieu et sur la maison de justice qui y est érigée — Rapport fait à la commission des prisons de Saint-Omer, le 10 Août 1837. Pièce in-4° de 15 p. Saint-Omer. Chanvin. 1837.

538 NOELS nouveaux sur la naissance de N. S. Jésus-Christ sur des Airs vieux et nouveaux (3e recueil) Vol. in-12 de 64 p. Saint-Omer. D. Fertel. 1742.

539 BIBLIOPHILE ARTÉSIEN. La chanson de Gilles Dindin. Pièce in-12 de 82 p. Saint-Omer. Guermonprez. 1871.

540 COURTOIS (A.) L'ancien idiome Audomarois. Le roman et le théotisque Belge. Preuves de l'existence de cette dernière langue à Saint-Omer. Pièce in-8° de 70 p. Saint-Omer. Chanvin. 1856.

541 A Messieurs, messieurs les majeur, lieutenant-majeur et échevins des Villes et Cité de Saint-Omer. (Supplique du sieur Adrien-Patrice Jourdain Bourgeois, juré crieur, pour obtenir l'autorisation d'établir dans cette ville une commission pour porter les lettres à la poste, paquets meubles et toutes autres choses.) Saint-Omer. Boubers, s. d.

542 DESCHAMPS DE PAS (L.) Notes sur un manuscrit provenant de la corporation des poissonniers de Saint-Omer. Pièce in-8° de 15 p. Saint-Omer. F. Lemaire 1867.

543 DESCHAMPS DE PAS. Note sur un manuscrit relatif à la hanse de Saint Omer. Pièce in-8° de 12 p. Bulletin historique de la société des antiq. de la Morinie. Année 1856. Cet intéressant travail consiste dans l'analyse du registre qui servait au receveur de la hanse pour inscrire le nom des membres et les réglements. La hanse fut instituée en 1240.

544 PIERS (H.) Variétés historiques sur ville de Saint-Omer. Vol. in-8° de 254 p. Saint-Omer. Vanelslandt. 1832. Volume rempli de notices diverses et recherches intéressantes.

545 PIERS (H.) Anecdoctes anglaises sur la ville de Saint-Omer. Les d'Orléans à Saint-Omer, variétés historiques. Vol. in-8° de 80 p. Aire. Poulain. 1841.

546 Pharmacopeia Audomarensis correcta, nobilissimi atque æquissimi ejusdem urbis senatus jussù edita. Vol. in-4° de 100 ff. Audomaropoli. L. Carlier 1609.

547 DESCHAMPS DE PAS. Les processions à Saint-Omer avant 1770. Pièce in-8° de 16 p. Saint-Omer. Guermonprez. 1864.

548 Fête historique donnée par la société de bienfaisance de Saint-Omer, le 23 juin 1840, à l'occasion de la Kermesse. Pièce in-8° de 8 p. Saint-Omer, Lemaire, 1840. Cette fête rappelait un des grands événements qui se sont passés à Saint-Omer, l'octroi d'une charte par. Guil. Cliton. Cette charte est réproduite, texte et traduction. L'année suivante, on célébra le même événement, en y ajoutant un carroussel dont le programme a été imprimé.

549 Z.., Lettre d'un habitant de Thérouanne, adressé à M. l'éditeur de *l'industriel Calaisien*, à l'occasion de la fête historique de Saint-Omer. Piéce in-8° de 8 p. Calais. Leleux. juillet 1840.

550 PIERS (H.) Notice historique sur les camps de Saint-Omer. Piece in-8° de 15 p. Saint-Omer. Vanelslandt (1833.)

551 RICHARD (Jules.) Notice historique pour servir à l'histoire du camp de Saint-Omer en septembre 1788. Pièce in-8° de 23 p. Arras. Planque. 1874.

552 Les manœuvres du camp de Saint-Omer en octobre 1789, trouvées parmi les papiers d'un général autrichien qui y avait été envoyé par le général d'Alton. Pièce in-8 de 8 p. Saint-Omer. 1790.

553 CARDEVACQUE (Adolphe de) Le camp d'Helfaut et les grandes manœuvres de 1874. Pièce in-8° de 51 p. Saint-Omer. Devey 1874.

554 Mémoires de la société des Antiquaires de la Morinie. 1833 et années suivantes. 16 vol. in-8°.

555 Bulletin historique trimestriel de la société des Antiquaires de la Morinie 1852 et années suivantes.5 vol. in-8°.Ces deux recueils qui se continuent, comprennent un nombre considérable de documents sur l'histoire de la Morinie et, principalement, de Saint-Omer. Quelques-uns de ces mémoires, lorsqu'ils ont été tirés à part et forment une brochure ou un volume particuliers ont été indiqués dans les diverses sections auxquelles ils se rapportent.

§ 13. — ABBAYE DE CLAIRMARAIS

556 Chronicon breve Clarismarisci ab anno 1090 ad annum 1286. D. Martenne Nov, Thesaurus. p. 1385 T. 3. Cette chronique est attribuée à Hugues de Saint-Victor, moine de l'abbaye.

557 BERTIN DE VISSERY (Dom.) Sinopsis historiœ chronologicœ perantiqui ac celeberrimi Monasterii Beatœ Mariœ de Claromaisico, ordinis Cisterciensis, filiationis Clarivallis, juxtà Audomarum in Artesià. 3 Vol. in-4° M S du 18e siècle. Le 1er Vol. se trouve à la bibliothèque de Saint-Omer N° 850; le 2e est dans une collection particulière; le 3e parait perdu.

558 LAPLANE (H. de) L'abbaye de clairmarais d'après ses archives. 2 Vol. in 8°. Saint-Omer. Fleury Lemaire, 1863.

559 LAPLANE (H. de) La bibliothéque de l'ancien monastère de clairmarais Pièce in-8° de 15 p. (Bulletin historique de la société des Antiq. de la Morinie. Annnée 1856.)

560 Mémoire pour le sieur Guillaume Butzel Contre les sieurs Prieur et Religieux de Clairmarest deffendeurs. Pièce in-folio de 2 p. s. l. n. d. Au sujet de la cense de Quierval.

561 DESCHAMPS DE PAS. Orfévrerie du 13e siécle. La croix de Clairmarais. Pièce in-4° de 11 p. et 4 planches. Paris. Didron. 1855.

562 Van-Drival (l'abbé) La croix de Clairmarais et autres monuments analogues dans le Pas-de-Calais. Pièce in-4° de 7 p. et une planche. Arras de Sède. 1878.

§ 14. — SUPLÉMENT. ARTICLES OMIS

6 bis. Giry (A.) histoire de la ville de Saint-Omer et ses institutions jusqu'au XIVe Siècle. Vol. in-8°, Paris, Vieweg, 1877.

61 bis. VISCONTI. La campagne du roy très chrétien en 1677, avec les particularités du siége de Valenciennes, de Saint-Omer, de Cambray et de la bataille du mont Cassel. Vol in 12. Paris, michallot. 1678.

333 bis Biblio phile artésien (Le) L'église notre Dame. Pièce in 8° de 22 p. Saint-Omer, d'Hosmont, 1879. cette brochure est l'inventaire des richesses artistiques réunies dans l'église cathédrale de Saint-Omer.

495 bis. Ordinarium sanctorum Ecclésiœ sancti Bertini, ordinis sancti Benedicti, sanctœ sedi apostolicœ immediate subjectœ, redactum ad formam breviarii Romani, Clementis 8 et Urbani 8 auctoritate recogniti ; in quo lectiones propriœ, recitandœ in officio de patronis ejusdem Ecclesiœ et ordinis, extracte reperiuntur, ex veteribus ejusdem Ecclesiœ libris, (undi eœ olim recitari solebant) nec non ex aliis diversis ordinaiis et Breviariis ; et in quo omnia suis locis ad longum, pro majori recitantium commoditaté, posita sunt à

CONSECRANTE LABOREM DEO.

Vol. in 12 de 237 — XV p. Audomari. Fertel. 1750. On lit dans la préface que l'auteur anonyme de ce recueil a été particulièrement encouragé dans son travail par le R. D. Silvin Vanderwostine, moine de St-Bertin et préfet du collége qui en prit les frais à sacharge et qui, en outre, avait fait au monastère de très grandes libéralités. Il existait des Breviaires et des ordos de St-Bertin avant 1750. Mais nous ne connaissons, outre l'ordinarium de 1750, que celui qui fut imprimé par Combe en 1708, dans le format. in 4º.

514 bis Le crapaud et le lézard de l'abbaye de Saint Bertin à Saint-Omer. Pièce in-8º de 8 p. Saint-Omer, Guermonprez, (1860 environ). Reproduction par M. Deschamps de Pas d'une brochure très rare sur une légende populaire de l'abbaye.

531 bis Deschamps (Louis) Papport sur une découverte d'objets gaulois et Gallo. Romains, trouvés dans les jardins du faubourg de Lysel. Pièce in-8º de 17 p. et une planche. S. l. n. d.

TABLE

Arras. Imp. SUEUR-CHARRUEY, 31, Petite-Place.

www.ingramcontent.com/pod-product-compliance
Lightning Source LLC
Chambersburg PA
CBHW052058270326
41931CB00012B/2804